U0112699

ZHONGQI

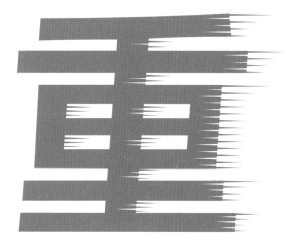

重器

崛起背后

龚江辉　编著

湖南人民出版社 ·长沙·

谨以此书

致敬中国工程机械行业！
致敬每一位中国工业人！

特别鸣谢

中联重科、三一重工、山河智能、铁建重工等
为本书提供素材资料和图片支持的相关单位！

尽管我在机械行业从业五十余载，但要回顾中国工程机械波澜壮阔的历史，观乎行业发展的全貌，仍旧是一件不容易的事。所以，当接到为《重器：崛起背后》一书撰写序言的任务时，一时间也是千头万绪、感慨良多。

从一穷二白的工业体系到如今制造业规模连续 13 年保持全球第一，包括工程机械在内的中国工业崛起背后有太多太多的故事值得讲述。过去国内工程机械的技术水平与国际先进水平的差距是巨大的。2004 年我第一次去欧洲，在德国慕尼黑宝马展上有非常直观的感受：偌大的会展场地，中国工程机械所有参展企业的整体气势还不如韩国的一家企业，驻足在他们的展台前，我的眼眶都湿润了……

挖掘机被誉为工程机械"皇冠上的明珠"，这种看似传统的产品曾经是一个大系统的"卡脖子"工程。我国从 20 世纪 80 年代开始引进技术、组建中外合资企业，事实证明这无法解决中国挖掘机的困境与难题。到本世纪初，挖掘机民族品牌几乎全军覆没。进入新世纪，国内一些企业在外资品牌占绝对优势的情况下开始自主研制挖掘机，其中的艰辛数不胜数，技术、资金、配套、管理、市场等都存在重重障碍，任何一项都足以让意志薄弱者止步。

我创办的山河智能 2001 年在租赁厂房中开始研制挖掘机时，连买一台样机的资金都存在困难。而国外知名品牌不仅可以在中国投资建厂，原装挖掘机照样可以进口，还可以大量输入二手挖掘机。我在全国政协连续三年提案"限制进口二手挖掘机"，当时就非常感慨，民族品牌挖掘机真是在外资品牌上述"三座大山"的挤压下艰难发展呀！

　　看今朝，最大的挖掘机产业规模、最大的挖掘机制造企业、最完善的配套体系都在中国！即使在高手林立的海外市场，中国的挖掘机品牌也具有举足轻重的地位。值得指出的是，中国工程机械产品以自主品牌出口到全世界，在中国装备制造业领域产生了引领作用。早在 2008 年，中宣部就组织了多家中央媒体对行业中八家典型企业围绕"自主创新，自主品牌"展开了系列化采访调研和高强度宣传报道。

　　同时，由于挖掘机工况恶劣、工作强度大，这种对配套件及其材料要求极高的主机产品，也带动了我国液压元件、电控元件、发动机、驾驶室覆盖件等配套产业链的系统完善和全面升级，推动工程机械核心零部件朝着"高、精、尖"的方向发展，做到了与国际先进水平接轨。回过头来看，西方工业发展走过的路，我们成功"跑"着抵达。

　　从本书的描述中可看出，不仅仅是挖掘机，品种型号众多的工程机械行业，处处凸显出翻天覆地的变化，为国家基础设施建设做出的贡献巨大，逢山开路、遇水架桥、拆旧建新，包括高速公路、铁路、桥梁、隧道、高楼等在内的每一项"超级工程"背后，都有国内完整的工程装备产业链提供有力支撑。

中国工程机械的发展史是一部饱含艰辛、勇气、决心的奋斗史，也是一部大胆创造、锐意革新的创新史。过去，这段历史鲜少进入大众视野；如今，我感受到制造业不仅受到国家和业内人士的重视，也越来越多地成为文化产业的创作主题。

　　《重器：崛起背后》一书就是连接大众和制造业很好的桥梁。这本书较为完整地梳理了中国工程机械发展的历史脉络，文字简练通俗，配图十分精美，兼具科普读物的严谨与意趣，一些复杂的机械工作原理，也能简单直观地阐述，即使是制造业的"门外汉"也能读懂。

　　这本书值得业内人士品读。从业者能通过本书快速了解行业发展的全貌，明白我们从何处来，又将去往何处。尤其是以习近平同志为核心的党中央特别强调的高质量发展要引起业内人士的高度关注，我们要尽快让中国工程机械行业高质量发展的内涵落到实处。

　　这本书也值得广大青年一读。期待这段在摸索中前进的工程机械发展史能够给青年人更多启发，在青年朋友们的内心埋下一颗自主创新、实业报国的种子。

　　这本书也推荐社会大众一读。在工业实体经济越来越受重视的今天，希望大家能透过这一段历史、这一些企业、这一群人了解中国制造业最真实生动的一面。

何清华

2023 年 6 月 6 日夜

目录

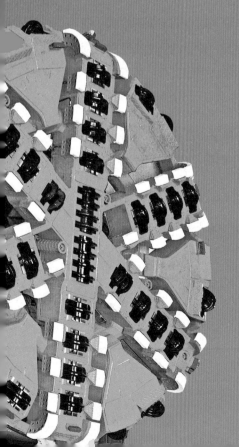

楔 子

混沌之初

第一章

火种

第十二章

环球同此凉热

第十三章

大国工程

第十四章

向未来

回望
来路

楔子 | 混沌之初

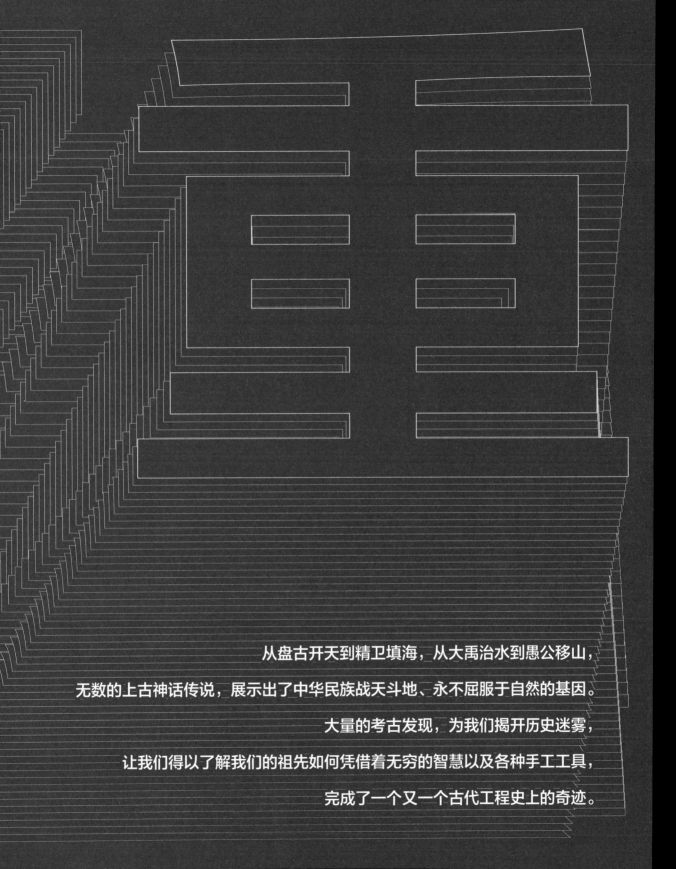

从盘古开天到精卫填海，从大禹治水到愚公移山，

无数的上古神话传说，展示出了中华民族战天斗地、永不屈服于自然的基因。

大量的考古发现，为我们揭开历史迷雾，

让我们得以了解我们的祖先如何凭借着无穷的智慧以及各种手工工具，

完成了一个又一个古代工程史上的奇迹。

都江堰俯瞰

在中国北方，从今天的陕西省咸阳市淳化县境内，横跨陕西、内蒙古、甘肃三省区，穿越黄土高原和鄂尔多斯大草原，直抵内蒙古自治区包头市郊，在一望无际的萋萋芳草之下，掩盖着一条废弃的古道，这就是被誉为中国历史上最早的高速公路的秦直道。

《史记·秦始皇本纪》载："三十五年，除道，道九原抵云阳，堑山堙谷，直通之。"

这段文字叙述的是公元前 212 年秦始皇派大将蒙恬修建秦直道的过程，九原和云阳两地，对应的正是今天的包头和淳化。据后人推测，秦直道全长在 600 至 900 公里之间。其连接着秦王朝的中枢与边疆，是一条快速的运兵通道，在当年具有极其重要的战略价值。

关于秦直道的建设，惜字如金的司马迁在《史记》中仅用了"堑山堙谷"四个字来记述。所谓"堑山"，就是在道路通过山区的时候，将山体掘开。所谓"堙谷"，就是在道路通过低洼处的时候，掘土把低谷填平。

陕西延安，千里秦直道穿越山岭

由于史料的缺乏，今天的人们无法想象在完全没有工程机械的条件下，古人是如何建成这样一条大道的。据学者王子今在《秦始皇直道考察与研究》中的推算，秦直道的夯土土方量达到1500万立方米，取土工程量不少于2000万立方米，建设使用的劳动力人数应在数十万人，历时约两年。

秦直道并非中国古代工程建设的唯一代表，长城、都江堰、郑国渠、灵渠、京杭大运河等，都堪称中国古代工程史上的奇迹。

以京杭大运河为例。其起源可以追溯到春秋时期，吴王夫差为北上伐齐，开辟了淮扬运河，长约170公里，史称邗沟。隋朝时期，隋炀帝下令开凿了洛阳至淮安的通济渠、洛阳经临清至北京的永济渠、镇江至杭州的江南运河，同时改造了古代的邗沟，从而形成了以洛阳为中心，北达涿郡，南至余杭，长达2700多公里的隋朝大运河，促进了中国东南地区的繁荣。

■
长城俯瞰

京杭大运河江苏淮安段

除了地表工程之外，中国古人在隧道工程建设中也有卓越的表现。

考古发现，至少在 3400 年前的商代，中国人已经开始采用竖井—平巷—盲井相组合的坑道采掘工艺。到春秋时期，这一工艺已经基本成熟。在湖北大冶铜绿山古铜矿遗址中，考古人员发现了多个竖井与巷道、盲井的组合，并在井巷中找到了用作支护的方形木质框架。尤为难得的是，这些木质框架是按照同一规格在地面上加工之后，再运到井巷中组装起来的，反映出了高超的工程组织能力。

汉武帝元朔至元狩年间，即公元前 128 年至公元前 117 年之间，中国人在关中境内修建了龙首渠，穿越澄城、蒲城、大荔三县，为商颜山（今铁镰山）以南的"万余顷故卤地"提供了灌溉。

龙首渠井渠法工程布置示意图

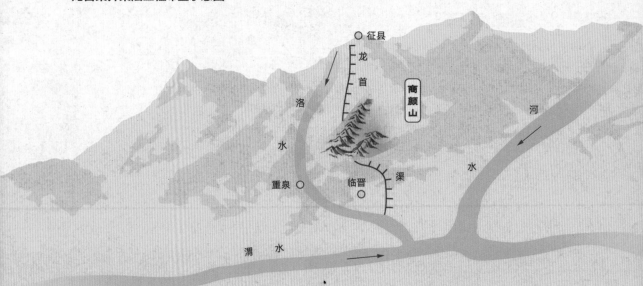

　　龙首渠之所以出名，在于其最早应用了井渠法施工技术，开凿了一条长约 4 公里的地下渠道。据考古专家推测，龙首渠的施工方式包括三个工序：首先，挖凿竖井；随后，在竖井之间挖掘隧道；最后，建立排水系统和工程支护体系。

　　工欲善其事，必先利其器。在工程建设实践中，中国古人发明了许多施工工具以提高工作效率。在龙首渠的考古中，研究人员发现了大量的铁制施工工具，包括挖土用的锸、铣、长条形铁镢、六角形铁锄和五齿锄等，凿石用的凿、锤、铲、刀等，提运土石用的桔槔、辘轳、齿轮等。这些工具的应用，体现出了技术进步对于工程建设的影响。

商颜山

明渠

竖井

暗渠（隧洞）

20 世纪初，现代工程机械陆续进入我国。德国强占山东胶州湾后，1904 年建成济南至青岛的胶济铁路。在胶济铁路修建过程中，施工人员使用了安装在铁路平板车上的大型吊装设备。20 世纪 20—30 年代，上海的市区道路建设已开始使用内燃机驱动的"滚路机"。

1937 年底，为了打通大西南交通，国民政府启动了规模浩大的滇缅公路建设。滇缅公路国内段全长约 960 公里，穿越数条大江和点苍山、怒山、高黎贡山等山脉，工程难度极大。为了保证工程建设，国民政府向西方国家采购了包括开山机、挖土机、平地机、碎石机、推土机、压路机等在内的一批现代工程机械，但数量极其有限，只在少数路段的修筑中得以应用。滇缅公路建设动用民工 20 余万人，主要使用各种手工工具，其中一些用于压路的大石碾保留至今，成为重要的历史文物。

在美国的帮助下，国民政府逐步建立起机械化施工力量，先后成立了三支隶属于交通部公路总局的机械化施工队。1949 年广州解放时，广州市军管会接管了这三支施工队中硕果仅存的第二机械筑路工程部队，接收筑路机械共 858 种，包括开山机、平路机、压路机、五吨起重机、铲运机、挖泥机等，全部为美式机械。据当时的资料记载，该筑路队的工作能力为每日筑路 20 公里，其拥有的开山机每台可相当于 500 个人力。

右上图：正在修建滇缅公路的民工
右下图：乌江边上的滇缅公路

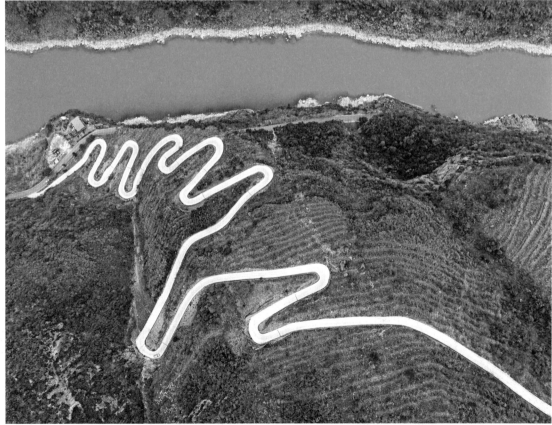

1949 年 10 月 1 日，第一面五星红旗在天安门广场升起，中国大地上飘荡百年的狼烟逐渐散去。新生的共和国展开了国家基础建设的高潮，亿万人民在一张白纸般的大地上泼墨挥毫，用勤劳的双手描绘着绚烂的图景，中国的工程建设开启了新的时代。

与工程建设的发展相同步，
中国的工程机械产业从无到有，
由弱到强，
直至登凌绝顶，
傲视群雄，
谱写了一曲曲恢宏的乐章。

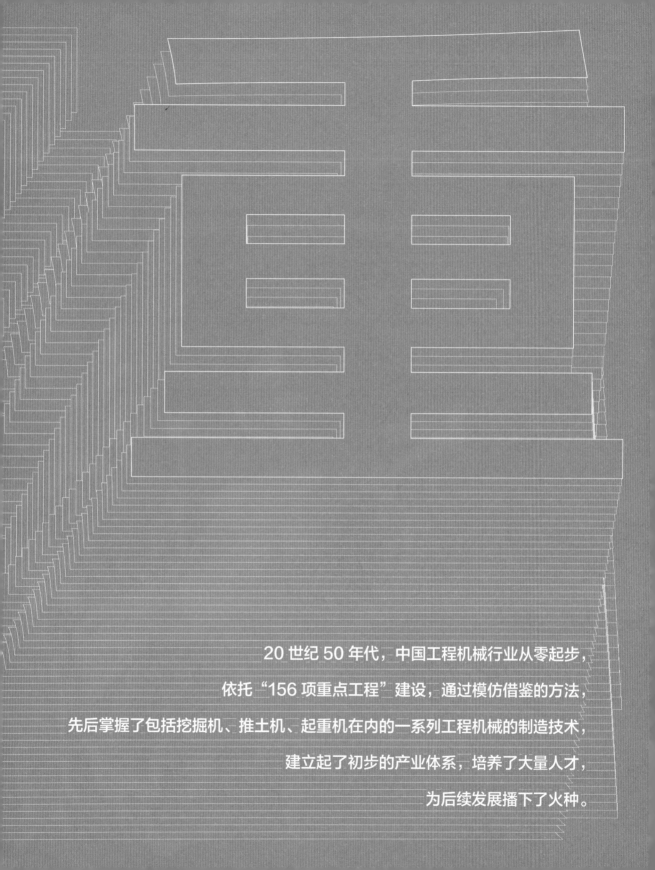

20 世纪 50 年代，中国工程机械行业从零起步，

依托"156 项重点工程"建设，通过模仿借鉴的方法，

先后掌握了包括挖掘机、推土机、起重机在内的一系列工程机械的制造技术，

建立起了初步的产业体系，培养了大量人才，

为后续发展播下了火种。

哈电集团哈尔滨锅炉厂电焊工正在作业

20世纪 50 年代开工兴建的大型港口
开工时间以及至 1985 年底累计投资

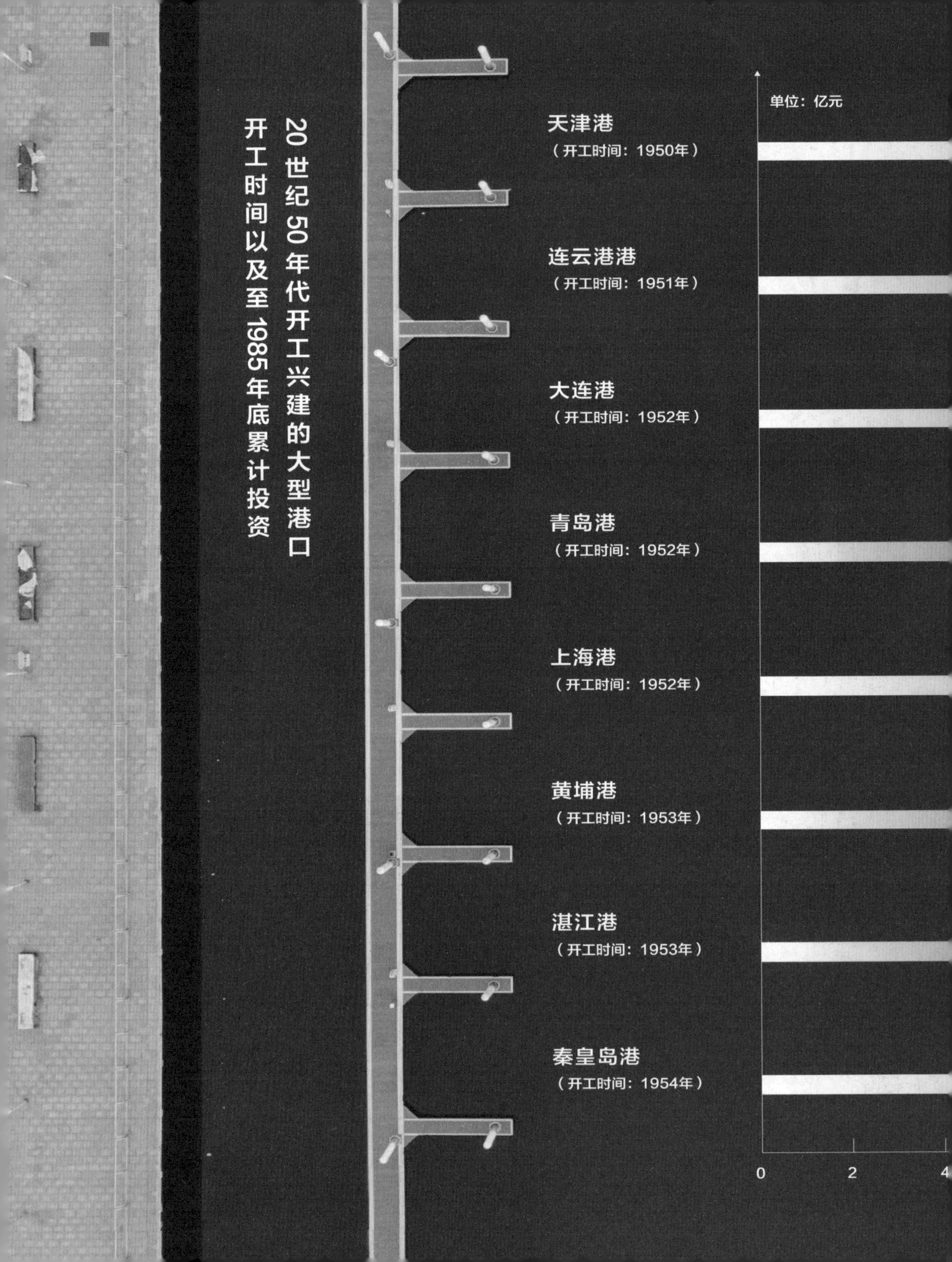

单位：亿元

天津港
（开工时间：1950年）

连云港港
（开工时间：1951年）

大连港
（开工时间：1952年）

青岛港
（开工时间：1952年）

上海港
（开工时间：1952年）

黄埔港
（开工时间：1953年）

湛江港
（开工时间：1953年）

秦皇岛港
（开工时间：1954年）

0   2   4

13.6

7.0

7.8

9.7

5.8

5.7

12.7

6   8   10   12   14   16

一、发端

　　新中国成立之初，国家开展了大规模的基础设施建设。统计资料显示，1950 年至 1959 年，国家基本建设投资总额合计 1285.55 亿元。10 年间，全国新增铁路营业里程 1.05 万公里，比新中国成立前增长了 48%；新增公路里程 42.72 万公里，增长了 5.29 倍；新增内河航道里程 8.94 万公里，增长了 1.21 倍。除此之外，还有不计其数的水利工程建设、工厂和城市建设，以及国防工程建设等。

20世纪50年代开工建设并交付运营的600公里以上的铁路

线路全长

单位：公里

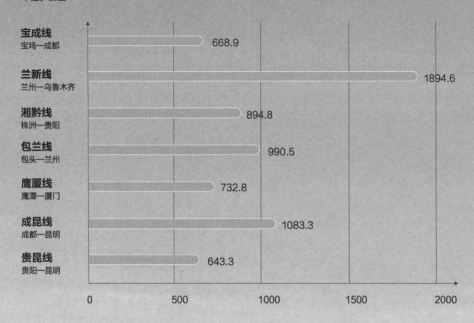

线路	区间	全长
宝成线	宝鸡—成都	668.9
兰新线	兰州—乌鲁木齐	1894.6
湘黔线	株洲—贵阳	894.8
包兰线	包头—兰州	990.5
鹰厦线	鹰潭—厦门	732.8
成昆线	成都—昆明	1083.3
贵昆线	贵阳—昆明	643.3

● **宝成线**
宝鸡—成都

兰新线
兰州—乌鲁木齐

湘黔线
株洲—贵阳

开工时间：1952年7月

开工时间：1952年10月

开工时间：1953年6月

线路累计投资

单位：亿元

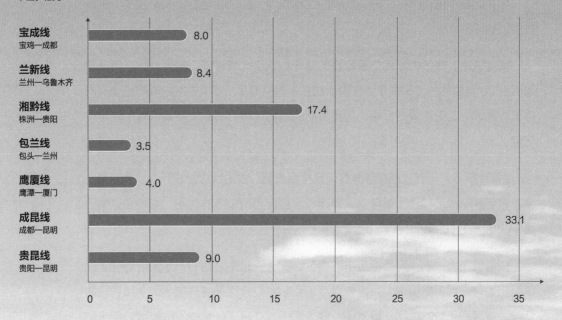

线路	投资
宝成线 宝鸡—成都	8.0
兰新线 兰州—乌鲁木齐	8.4
湘黔线 株洲—贵阳	17.4
包兰线 包头—兰州	3.5
鹰厦线 鹰潭—厦门	4.0
成昆线 成都—昆明	33.1
贵昆线 贵阳—昆明	9.0

● **包兰线** 包头—兰州	● **鹰厦线** 鹰潭—厦门	● **成昆线** 成都—昆明	● **贵昆线** 贵阳—昆明
开工时间：1954年10月	开工时间：1955年2月	开工时间：1958年7月	开工时间：1958年8月

　　年轻的新中国，一穷二白。最早的工程建设，几乎完全是靠人力完成，极少有施工机械的参与。

　　成渝铁路，是新中国成立后修建的第一条铁路。成渝铁路的规划，可以一直追溯到 20 世纪初的清朝末年。在随后的几十年时间里，成渝铁路的构想始终只能停留在图纸上，无论是旧军阀，还是其后的国民政府，都无法开展这样一项建设工程。

　　1950 年 6 月，就在西南解放仅仅几个月之后，成渝铁路正式开工，先后有十余万名解放军战士和民工参与了铁路建设，最终用两年多的时间，实现了这条长达 505 公里的铁路建成通车。

　　成渝铁路是一条"肩膀挑出来的路"。在工程建设之初的一年多时间里，施工队伍没有任何机械设备，完全依靠手工劳动来进行路基的开挖、枕木和铁轨的铺设。直到完工前的很短一段时间，施工队伍才获得了少量的工程机械，用于最重要的工作。

右上图：1952 年 7 月，新中国自行修建的第一条铁路——成渝铁路通车

右下图：修建于 20 世纪 50 年代的成渝铁路服役至今

　　同一时期修建的川藏公路，同样是完全依靠人工。在平均海拔 4000 米的高原上，仅有的一些施工机械无法正常工作，十余万施工大军只能使用铁锤、钢钎、铁锹、镐头等原始工具，克服各种困难，在几年的时间里，完成建筑土石方约 2900 万立方米，架设桥梁 430 座，修建涵洞 3781 个，铺路总面积 377 万平方米，创造了施工史上的奇迹。

　　为了提高施工效率，国家想方设法引进工程机械，推广机械化施工。在宝成铁路、兰新铁路、鹰厦铁路以及三门峡水利枢纽工程的建设中，施工机械开始崭露头角，发挥着越来越重要的作用。

上图：川藏公路七十二道拐

下图：1952 年，川藏公路筑路民工铲除冰雪，让汽车通过

　　"蜀道之难，难于上青天。"这一千古名句，说的是横亘在关中平原与成都平原之间的秦岭山脉。秦岭既是中国地理南北分界线，也是阻隔天府之国与外界交通的屏障。北起陕西宝鸡、南至四川成都的宝成铁路，面临的就是穿越秦岭的巨大难题。

　　据统计，宝成铁路工程共修建隧道300余座，架设桥梁1000余座，仅填埋谷地的土石方就达到了6000万立方米。为了修建宝成铁路，国家前后动用了数十万劳动力。然而，仅仅依靠人力，是无法凿通这千古蜀道的。

秦岭风光

为了提高宝成铁路工程建设的速度，国家使用从苏联借到的宝贵外汇，进口了一批工程机械。在 1955 年 3 月 17 日的《人民日报》头版上，刊登了一张施工现场的照片，照片里有一台起重机和两台挖掘机。

照片配文中写道："宝成铁路北段今年施工的规模很大，全年的工作量要比去年大四倍。现在为大规模机械化施工所需要的器材都已运到了工地，给全面施工创造了良好的条件。这是工人们正在试验刚运到工地的挖掘机和吊车的运转情况。"

根据媒体报道，宝成铁路北段，也就是穿越秦岭的路段修建中，使用的大小筑路机械有上千台。在隧道建设中，施工人员首次使用了风动凿岩机和轨行式矿车，从而实现了由纯人力开挖向半机械开挖的过渡。媒体称，宝成铁路80%的隧道采用了机械开挖方法，用机械开挖隧道最多一天可打通导洞3米，而人工开挖平均一天只有1米多。

宝成铁路八庙沟隧道，全长约1600米，开挖断面9.2平方米，其开凿方式具有典型意义。资料显示，八庙沟隧道的开挖机械为钢钎、二锤及苏联20世纪30年代定型的OM-506型凿岩机，出碴方式为人力手推车运送，装碴和卸碴均为人力。在挖掘过程中，首先用木材作为支撑，后期再使用条石或混凝土灌注的方法进行支撑，混凝土的搅拌与捣鼓全部使用人力。在施工后期，由于隧道太长，通风不畅，使用了一台19千瓦离心式通风机解决通风问题，这就属于机械化施工的范畴了。

这种在今天看来非常落后的施工方式，在当年人们眼里，却描述为前所未有的"大规模机械化施工"。而为了开展这样的施工，宝成铁路最多的时候动用了全国铁路工程中4/5的机械施工力量。

建设中的宝成铁路

建成通车的宝成铁路，
列车通过大巴口桥

三门峡水利枢纽是我国在 20 世纪 50 年代建设的最大的水利工程，工程机械在其建设中发挥了不可替代的作用。《人民日报》1957 年 3 月 29 日以《大批施工机械源源运到工地，像巨人般的电铲将大显身手》为题，报道了三门峡水利枢纽建设中所使用的工程机械情况，文中写道：

两个苏联出产的"乌拉尔巨人"——四立方电铲，已经到达了会兴镇车站，即将参加三门峡水电站工程的施工。这两个"巨人"来时坐了六个半车皮。"巨人"的最大的一个部件就重三十七吨九。这种电铲每部每月可挖两三万石方。同时来到的还有三部容量三立方公尺的电铲。

黄河三门峡工程局物资供应处的负责人说，最近一个时期，每天都有十四个满载机械设备和各种器材的车皮来到这里。

三门峡水电站工程施工所需的全部机械装备，数量达七千多台（套）。目前已有一千五百台（套）运到了工区，有一部分电动机、推土机、空气压缩机等已经运到工地，有的正在安装，有的已经开动。三门峡会兴车站上和四万三千多平方公尺面积的临时仓库场地上，都摆满了各种机械和器材。

■ 三门峡黄河大坝

　　要尽快改变国家面貌，建设一个富强的国家，离不开现代化的工程装备。而作为一个大国，不能永远依靠别人为自己提供装备。在大量引进苏联东欧国家工程机械的同时，我国也在积极地打造自己的工程机械产业。

　　1955 年初，在距离宝成铁路施工现场 2000 公里之遥的东北抚顺，一群工人正在挥汗如雨地装配着一台庞然大物，这就是被称为"工程机械之王"的大型设备——挖掘机。

二、挖掘机登场

挖掘机，是各类土石方工程中最主要的施工机械，同时也是露天矿开采的主力。据业内统计，在各类土石方工程中，70% 的工程量是靠挖掘机完成的。一台斗容量为 1 立方米的挖掘机每班的生产能力，相当于 300 至 400 人手工劳动一天的工作量。

现代挖掘机的源头，最早可以追溯到 15 世纪末。为了疏浚河道，意大利人发明了淤泥挖掘船，由人力驱动铲斗，挖掘河底的淤泥。1833 年至 1835 年间，美国费城的铁路工程师威廉·奥蒂斯设计并制造了世界上第一台吊臂式单斗挖掘机，其以蒸汽机作为动力，因此又称为蒸汽铲。奥蒂斯蒸汽铲装载在铁路平车上，用人力控制吊臂，能够完成铁路路基的开挖。

铁路建设的热潮，推动了挖掘机的研制。1880 年，以拖拉机为底盘的半回转式蒸汽铲问世；1910 年，带有履带式行走装置并以电机驱动的挖掘机问世；1912 年至 1924 年，先后出现了由汽油机、煤油机、柴油发电机驱动的挖掘机。

在采用内燃机作为动力之后，挖掘机的活动能力得到了加强，应用更加广泛。到 20 世纪 50 年代，发达工业国家进行工程建设时使用挖掘机已经是极其普遍的事情。在这一时期，挖掘机的主流是机械式挖掘机。

　　机械式挖掘机由行走装置、回转平台和工作装置三部分组成。其中行走装置是使挖掘机前进到挖掘现场的装置，机械式挖掘机由于自身重量较大，一般采用履带式行走装置。回转平台能够使挖掘机进行回转作业，有时可进行360度的全方位回转。工作装置就是挖掘机用于挖掘土石方的装置，包括动臂、斗杆和铲斗等。机械式挖掘机的斗杆和铲斗都是由机械装置传动的，比如使用齿轮、齿条或者钢索带动。

　　挖掘机的工作原理并不复杂。挖掘机行走到工作场地后，动臂放下，使铲斗接触到地面。随后，钢索拉动铲斗，铲斗前端坚硬而锋利的斗齿深深地插入土层，就像人们把铁锹头插入土层一样。钢索继续拉紧，铲斗便将土石撬起。随后，动臂提升，将铲斗举起来。

　　负责运输土石方的卡车会适时地开到旁边，挖掘机的回转平台转动，把铲斗转到卡车的车斗上方。钢索逐渐放松，铲斗向下倾斜，便可把满满一斗土石投入卡车的车斗里。这便是挖掘的全过程。

机械式挖掘机在抚顺矿区进行采煤作业

三、国产化

作为一种工作于野外恶劣环境的机械,挖掘机的制造涉及许多先进的工业技术。挖掘机要开掘土石方,铲斗需要有很高的强度和耐磨性,而这就涉及高强度钢材的冶炼和焊接;挖掘机重达数十吨,要在崎岖的地面上行走,需要强劲的动力,这就涉及电动机或内燃机的制造技术;挖掘机的工作是回转平台、动臂、斗杆、铲斗等协调行动的结果,这对控制系统的设计和制造也提出了极高的要求。

旧中国几乎没有成形的重工业基础,不具备制造挖掘机的能力。新中国的挖掘机制造,完全是从零开始。

1950 年 2 月 14 日,时任中国政务院总理周恩来与苏联外交部长维辛斯基在莫斯科签署了《中华人民共和国中央人民政府、苏维埃社会主义共和国联盟政府关于贷款给中华人民共和国的协定》,协定规定由苏联向中国贷款 3 亿美元,用于中国向苏联购买机器设备与器材,进行工业化建设。

在随后的几年中，苏联通过提供资金、技术、设备以及派遣专家指导的方式，帮助中国建设了 150 余项工矿项目，其中包括在今天依然赫赫有名的长春第一汽车制造厂、洛阳拖拉机制造厂、哈尔滨锅炉厂、沈阳第一机床厂等。因最初纳入计划的项目为 156 项，因此这一合作被称为"156 项重点工程"建设。它奠定了新中国工业的基础。

被列入"156 项重点工程"建设项目的沈阳风动工具厂是新中国最早建立的工程机械企业之一。早在 1950 年至 1952 年间，沈阳风动工具厂（当时为东北机械七厂）便通过测绘仿制的方法，开发出了 R-39 型和 S-49 型凿岩机、OM-506 型凿岩机、E90 和 PII-3 型气动工具等，这些设备被广泛地应用于矿山和铁路建设。

采用测绘仿制的方法为国民经济各部门提供装备，是当时最为普遍的做法。对于一个工业技术落后的国家来说，这是追赶先进最快捷的方法。20 世纪 50 年代初，抚顺矿务局机电厂同样采用这种方法，成功仿制了 110.4 千瓦和 220.8 千瓦矿山卷扬机，用于抚顺、阜新、本溪等矿区的开采工作。

抚顺矿务局机电厂始建于 1904 年，是日本侵略者为了掠夺中国东北矿山资源而建立的一家小型修配厂，主要职责是维修矿山的机械设备。新中国成立后，第一机械工业部接管了这家企业，将其命名为抚顺重型机器厂，最初的任务是为抚顺、本溪等矿区和鞍钢生产 2—6 吨塔式起重机、100—800 千瓦矿山卷扬机等设备。1954 年，抚顺重型机器厂接到了一个艰巨而光荣的任务——研制中国自己的第一台挖掘机。

20 世纪 40 年代的抚顺露天煤矿厂

　　与当年的许多工业产品一样，中国的第一台挖掘机采用的是仿造苏联产品的方式。抚顺重型机器厂参考的是苏联 W1001 型机械式挖掘机，这种挖掘机底盘宽 3.2 米，高 4.2 米，采用履带式行走装置，重量 42 吨，斗容量为 1 立方米，是苏联在 20 世纪 30 年代的产品。

　　尽管在国外已经是 20 年前的技术，但以中国当时的工业水平，仿制这样一台大型机械还是充满了难度。工人们克服了铸造、焊接、机械加工等各方面的困难，经过一年的努力，终于在 1955 年 6 月成功制造出这台挖掘机，并沿用苏联的型号，命名为 W1001 型。

　　W1001 型挖掘机的成功研制，宣告中国挖掘机产业的诞生。当年围着这台"傻大黑粗"的大家伙载歌载舞的人们，恐怕想不到，他们培育出的这株幼苗，在几十年后会长成一棵令人仰望的参天大树。2020 年，中国三一重工集团挖掘机销量 98705 台，击败美国卡特彼勒，为全球第一。

　　到 20 世纪 60 年代中期，中国形成了由七家从事工程类挖掘机制造的专业厂和一家专注矿用挖掘机制造的专业厂组成的挖掘机制造体系，分别位于东北、华北、华东和西南的六省二市。

三一重工挖掘机排列整齐

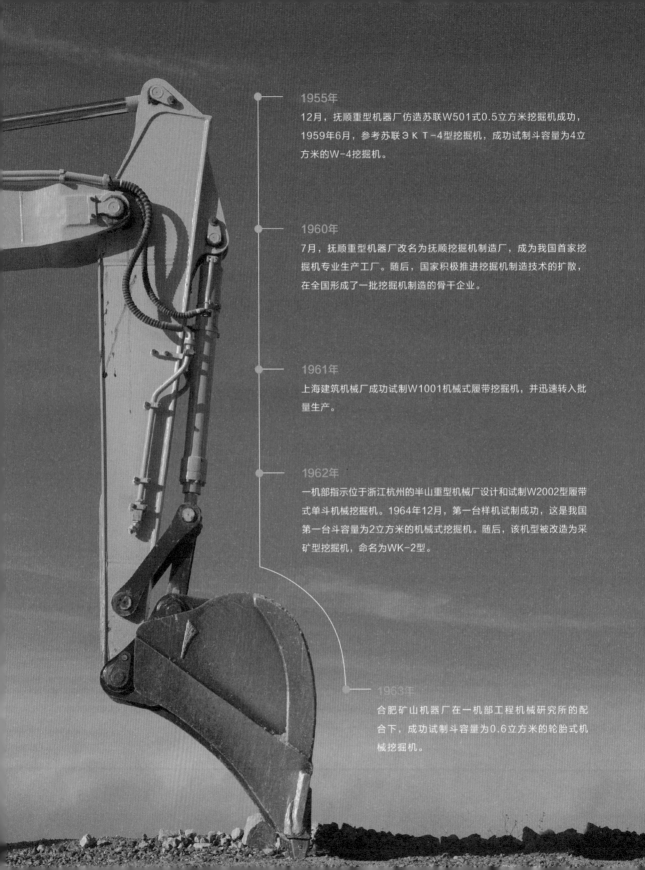

1955年

12月，抚顺重型机器厂仿造苏联W501式0.5立方米挖掘机成功，1959年6月，参考苏联ЭКТ-4型挖掘机，成功试制斗容量为4立方米的W-4挖掘机。

1960年

7月，抚顺重型机器厂改名为抚顺挖掘机制造厂，成为我国首家挖掘机专业生产工厂。随后，国家积极推进挖掘机制造技术的扩散，在全国形成了一批挖掘机制造的骨干企业。

1961年

上海建筑机械厂成功试制W1001机械式履带挖掘机，并迅速转入批量生产。

1962年

一机部指示位于浙江杭州的半山重型机械厂设计和试制W2002型履带式单斗机械挖掘机。1964年12月，第一台样机试制成功，这是我国第一台斗容量为2立方米的机械式挖掘机。随后，该机型被改造为采矿型挖掘机，命名为WK-2型。

1963年

合肥矿山机器厂在一机部工程机械研究所的配合下，成功试制斗容量为0.6立方米的轮胎式机械挖掘机。

1963年

贵阳矿山机器厂开始试制0.3立方米机械式挖掘机,1964年试制成功,命名为W301型,主要供部队使用,也有部分进入民用市场。

1965年

根据三线建设规划,抚顺挖掘机制造厂受命在四川泸州建设长江挖掘机厂,先后动迁900多名职工和200多户家属前往四川。1970年,长江挖掘机厂正式全面投产,当年生产1立方米挖掘机52台。

与抚顺重型机器厂同步,始建于1950年的太原重型机器厂于1958年开始研制4立方米矿用挖掘机。

1961年7月,太重第一台4立方米矿用挖掘机试制成功,命名为D-4型,1970年改型为WK-4型,斗容量也改为4.6立方米。

资料显示,太重的4立方米挖掘机到2011年累计生产了891台,用户遍及国内的露天矿。其中,生产于1961的第一台4立方米挖掘机直到半个世纪以后仍在内蒙古平庄煤矿的生产一线使用,堪称国产挖掘机中的不老黄忠。

四、产业萌芽

挖掘机产业的诞生与形成，是整个中国工程机械产业诞生与形成的缩影。从新中国成立至 20 世纪 60 年代初，由第一机械工业部与建筑工程部主导，在全国开展工程机械产业布局，形成了中国最早的工程机械开发与制造体系。

1954 年，抚顺重型机器厂仿照民主德国产品成功制造中国第一台 TQ2-6 型塔式起重机，该款起重机高 30 米，自重 20 吨，最大起重重量可达 6 吨。作为新中国重工业发展成就的代表，这台塔式起重机分别在 1954 年莱比锡国际展览会和 1955 年波兹南国际博览会上展出。随后，上海建筑机械厂、哈尔滨工程机械厂均开始生产这款塔式起重机，用于国内重点工程建设。1955 年，沈阳桥梁厂成功试制 25 吨塔式起重机，并在鞍钢扩建项目中得到应用。

1958 年，天津建筑机械厂仿照苏联斯大林 -80 型履带式推土机，研制出了推土工作装置，从而成功制造我国第一台移山 -80 型履带式推土机。同年，鞍山红旗拖拉机制造厂在红旗 80 履带式拖拉机的底盘上附加钢丝绳升降式推土铲，生产出红旗 80 型推土机。"移山"和"红旗"在此后很长一段时间内成为中国推土机的两大系列，前者为专用的工程推土机，后者则主要作为农用推土机。宣化、杭州、成都、厦门等几家工程机械厂都曾采用东方红 -54 型拖拉机底盘改造推土机，广泛应用于生产实践。

■■■

1957 年，我国自主研发的第一台缆索起重机助力新安江水电站建设

　　在 20 世纪 50 年代，我国工程机械企业试制的工程机械产品还有：大连起重机器厂试制的 3 吨汽车起重机；上海建筑机械厂试制的 1 立方米混凝土搅拌机、76 毫米振捣器、0.5 吨平台起重机、0.5 吨桅杆起重机、2 至 6 吨管型塔式起重机；天津建筑机械修配厂试制的 400 公斤混凝土搅拌机、325 公斤混凝土搅拌机、8 吨蒸汽压路机；上海桥梁厂试制的 65-53 型架桥机、80-55 型架桥机；陕西金属结构厂试制的 0.32 至 0.5 立方米混凝土搅拌机、0.75 吨平台起重机、少先式起重机等。

至 1960 年，
我国共建成工程机械专业制造厂
和兼业厂 58 个，
年产工程机械 2.5 万吨，
中国的工程机械制造体系初步形成。

第二章

峥嵘岁月

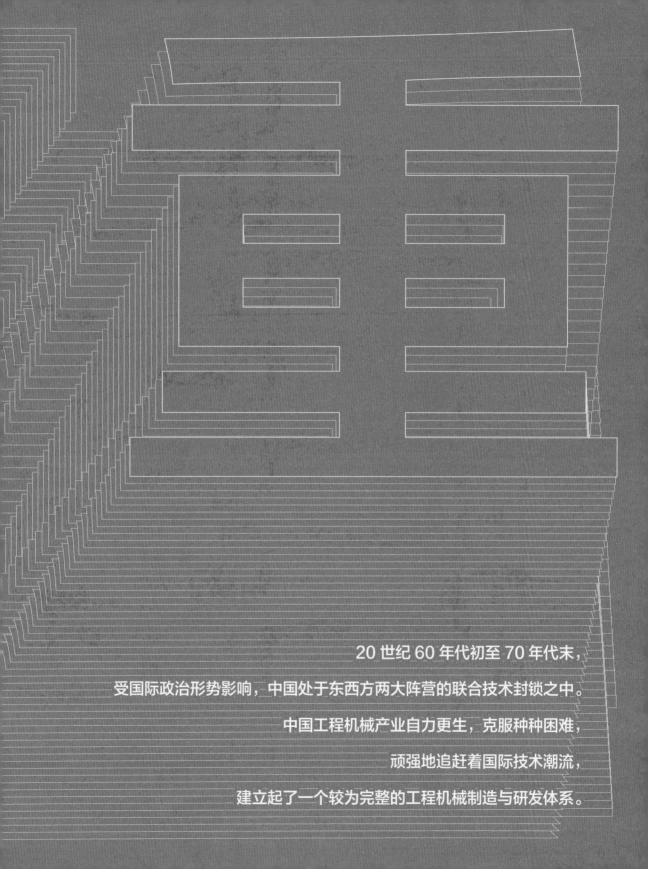

20 世纪 60 年代初至 70 年代末，

受国际政治形势影响，中国处于东西方两大阵营的联合技术封锁之中。

中国工程机械产业自力更生，克服种种困难，

顽强地追赶着国际技术潮流，

建立起了一个较为完整的工程机械制造与研发体系。

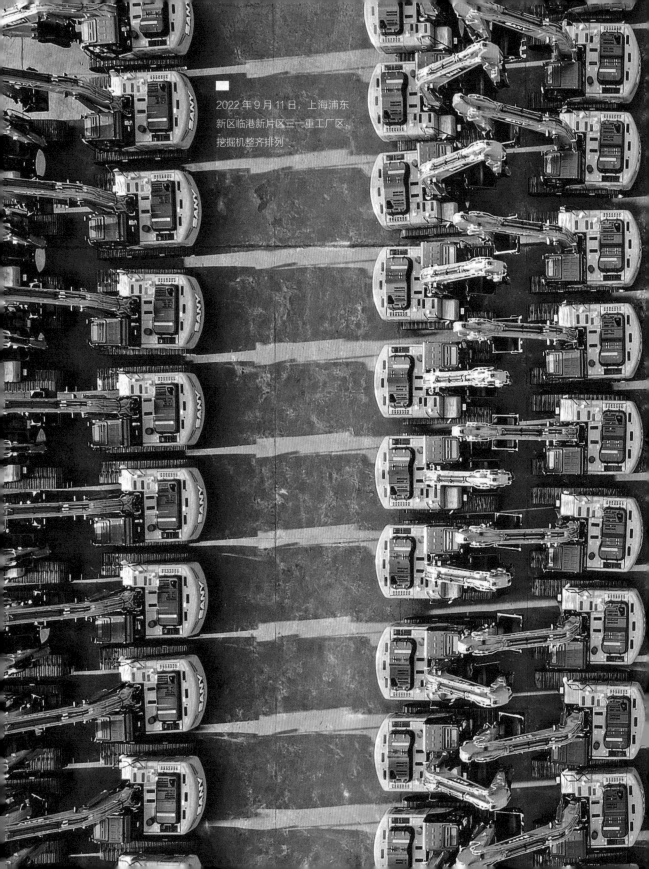

2022 年 9 月 11 日，上海浦东新区临港新片区三一重工厂区，挖掘机整齐排列

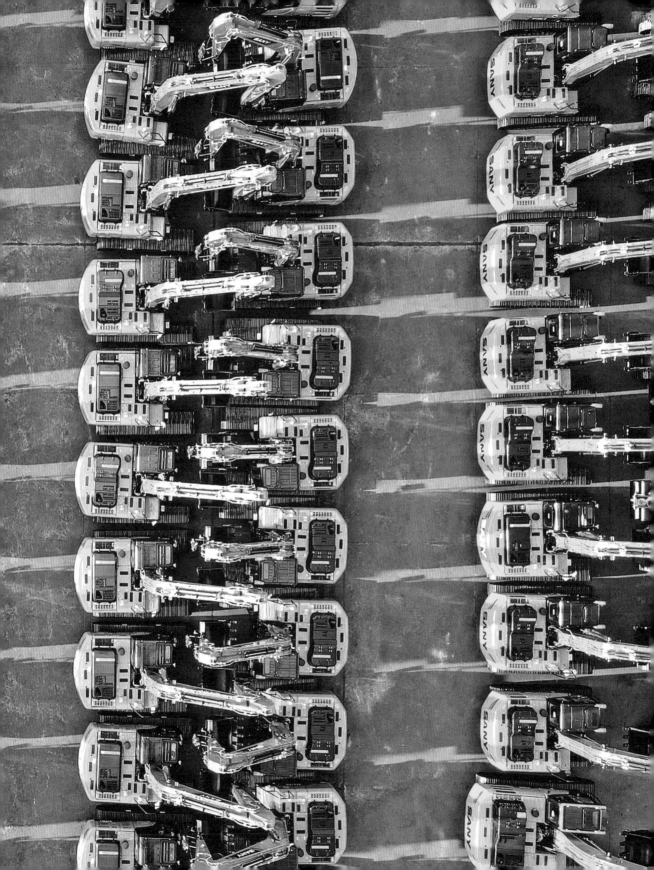

一、液压挖掘机

20 世纪 50 年代末，因为各种错综复杂的原因，中苏关系逐渐趋向紧张，直至彻底分裂，这使得中国的工业发展失去了来自苏东阵营的技术支持。而同时，西方对中国的技术封锁自新中国成立那一天起就不曾中断，在那一时期，中国虽然也能够从西方获得有限的一些工业装备和技术资料，但体系残缺，核心技术更是无从谈起。

在这种情况下，中国的工程机械产业和其他工业门类一样，必须完全依靠自己的力量，走独立自主、自力更生的道路，努力追赶全球工业发展的潮流，而这个历程，必然是充满艰辛的。

在 1960 年至 1978 年间，中国工程机械部门突破了多项技术障碍，研发出一大批工程机械装备。其中，中国企业依靠自身力量研制液压挖掘机的历程，便是一个典型的代表。

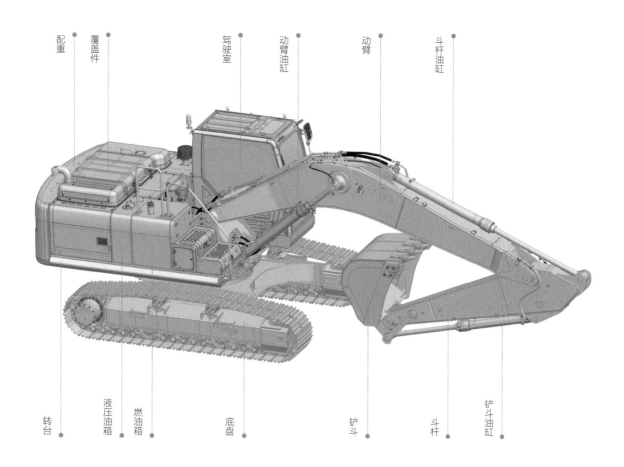

配重　覆盖件　驾驶室　动臂油缸　动臂　斗杆油缸

转台　液压油箱　燃油箱　底盘　铲斗　斗杆　铲斗油缸

液压挖掘机结构示意图

中国的挖掘机生产，是从仿造苏联的机械式挖掘机开始的。从 20 世纪 50 年代中期至 60 年代中期，我国自行制造的挖掘机全部为机械式挖掘机。据统计，到 1966 年底，全国共生产机械式挖掘机 3000 余台，这些机械式挖掘机，构成了国内工程界主要的挖掘机械力量。

而在这一时期，全球挖掘机行业却出现了新的趋势，液压挖掘机开始崛起，并迅速成为挖掘机的主流产品。

20 世纪 40 年代，第一台带有液压反铲装置的悬挂式挖掘机问世，宣告了液压技术在挖掘机上的应用。1951 年，法国波克兰公司推出了全球第一台全液压挖掘机。

机械式挖掘机和液压挖掘机的区别，在于工作装置的驱动方式。工作装置是用于完成挖掘和卸土工作的机构，包括铲斗、斗杆、动臂等部分。动臂的职能是带动斗杆和铲斗到达挖掘面，随后斗杆开始运动，推动铲斗进行挖掘操作。动臂和斗杆的运动，可以用齿轮、齿条或钢索驱动，这一类挖掘机称为机械式挖掘机。如果把相应的驱动装置更换为液压油缸，这一类挖掘机便称为液压挖掘机。

全球早期的挖掘机，都是机械式挖掘机。20世纪50年代，液压挖掘机开始走上舞台，并迅速成为舞台上的新秀。

机械式传动的缺陷，在于结构复杂，要完成一个动作，需要有许多个部件互相配合。如果要求一台工程机械能够适应不同的工作要求，则机械传动系统的设计将变得非常困难。此外，机械传动的距离也存在很大的限制，当动力需要传送到比较远的工作部件上去时，传动系统中的效率损失也是非常大的。

挖掘机在挖掘泥土时，铲斗要承受很大的力量。由于结构上的特点，机械式挖掘机必须依靠自身的重量来抵抗来自铲斗的拉力，因此，机械式挖掘机的整机重量都非常大，操作不便，难以适应复杂工程环境的需要。

液压传动的出现，改变了这种情况。液压传动的动力传输是通过液压管道中的液体实现的，液压管可以弯曲成任何形状，只要有一条沟槽就可以布置，从而简化了传动系统的设计，能够便捷地实现多种运动形式的转换。液压传动不会损失动力，即便是长距离的动力传输也毫无障碍。此外，液压传动还具有传动平衡、无级变速、自动避免过载的优点，这也都是机械式传动所无法实现的。

中联重科 ZE135G 履带式液压挖掘机

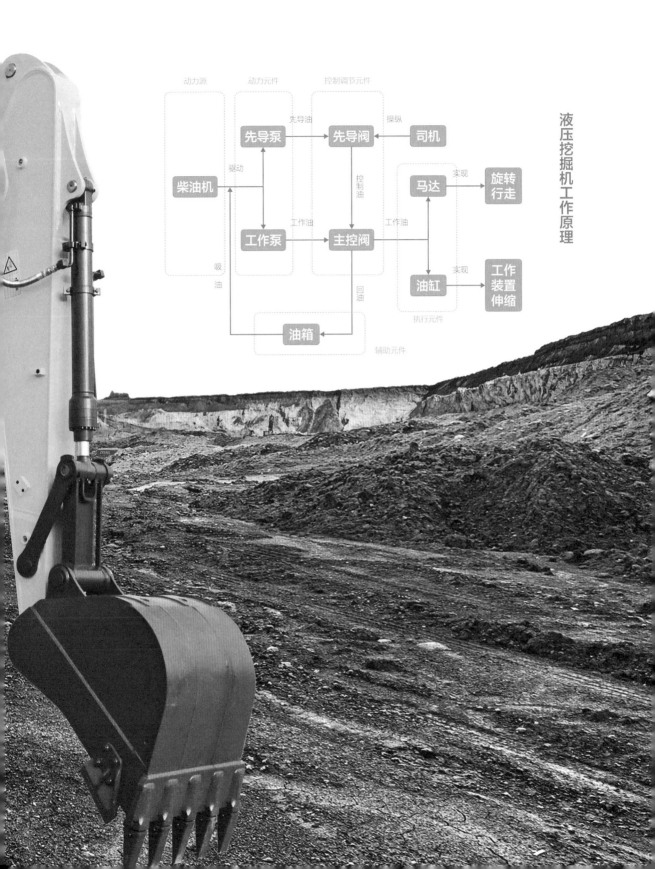

液压挖掘机工作原理

动力源　　　　动力元件　　　控制调节元件

先导泵 →（先导油）→ 先导阀 ←（操纵）← 司机

柴油机 →（驱动）

马达 →（实现）→ 旋转行走

控制油

工作泵 →（工作油）→ 主控阀 →（工作油）

吸油

油缸 →（实现）→ 工作装置伸缩

回油

油箱

辅助元件

执行元件

由于结构灵活，液压挖掘机可以通过调整姿态来实现自身重量与挖掘力之间的平衡，从而能够在大幅度减轻自身重量的条件下满足挖掘要求。液压技术的应用，改变了挖掘机"傻大黑粗"的传统形象。目前，一些微型挖掘机已经可以把自身重量降低到1吨左右，甚至能够爬到建筑物顶上去完成挖掘作业。

液压挖掘机的工作装置，包括正铲、反铲、抓斗和起重装置等若干类，分别应用于不同的工作场合。

液压挖掘机的出现，使挖掘机的应用不再局限于矿山和大型工地，而是渗透到各种小型工程现场。身材苗条的液压挖掘机既可以在城市街道中通行，也可以在狭窄的院落里作业，这就极大地增强了挖掘机的适应性，因此其一问世便受到工程建设领域的广泛欢迎。

进入20世纪60年代，全球液压挖掘机技术蓬勃发展，新品迭出，大规模取代传统的机械式挖掘机。至20世纪70年代初，国外工程机械市场上，液压挖掘机的产量已经占据了挖掘机总产量的83%。

中国工程机械人关注到了这样的趋势，他们决心要跟上国际技术潮流，掌握液压挖掘机技术，使中国的挖掘机产业登上一个新的台阶。

然而，摆在中国工程机械人面前的，是一道道难以逾越的技术难关。突破这些难关，需要勇气、毅力与韧性。

二、重重难关

工程机械是现代工业技术的集大成产品，工程机械制造涉及机械、电子、材料等诸多领域，每个领域里又有数不胜数的细分技术。如果要在所有的技术中选择出一项将其称为"皇冠上的明珠"，那么液压技术将是当之无愧的。

早在 17 世纪，法国物理学家帕斯卡尔就已经发现了液体在密闭容器中能够保持压强处处相等的原理，随后，人们利用这条原理发明出了各种液压工具。

然而，液压技术在工程机械上的大规模应用，却一直到 20 世纪中叶才开始，其主要原因便在于工程机械的工作条件十分严苛，对液压件的质量提出了极高的要求，而这又必须建立在强大的工业基础之上。

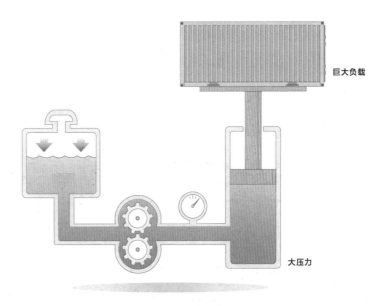

巨大负载

大压力

液压原理

负载产生压力

064

三一重工工程机械产品局部图

液压件的分类

液压件广泛应用于各类机械，目前主要包括液压泵、液压马达、液压缸、液压阀等几个大类，每个大类之下又包括了不同的型号。

液压泵：液压泵是液压传动系统中的能源元件，是把外界的机械能转化为液压能的装置。液压泵按照流量是否可以调节，可以分为变量泵和定量泵；按照泵的结构，可以分为齿轮泵、叶片泵、螺杆泵、柱塞泵等，其中柱塞泵又有径向和轴向之分。

液压泵是在1905年发明的，在过去的100多年中，液压泵的主要结构没有发生明显的变化，但技术上却有若干新的方向，主要趋势是高压化、节能化和智能化。

液压马达：液压马达的工作任务与液压泵恰好相反，它是把液压能转化为机械能的装置。液压泵通过液压管道输送过来的能量，必须经过液压马达的转换之后，才能用于驱动工作系统完成相应的任务。

液压马达的结构与液压泵也有相似之处，同样包括齿轮式、叶片式、螺杆式、柱塞式等类型。根据工作目的的不同，液压马达主要分为两大类：高速小扭矩液压马达与低速大扭矩液压马达。

液压缸：液压缸也是把液压能转化为机械能的装置，其与液压马达的不同之处，在于后者实现的是旋转做功，而液压缸实现的是直线往复运动或摆动运动。液压缸分为活塞式、柱塞式、多级伸缩套筒式、摆动式等类型。

液压阀：液压阀是液压系统中的控制元件，它能够控制液压系统中液体的流动方向，从而调节液压马达或液压缸的输出力量、扭矩、速度、方向等。

液压阀根据工作任务的不同，可分为压力控制阀、流量控制阀、方向控制阀、复合控制阀等。液压阀的控制包括手动、机械、液压、电液混合、电动等各种方式。

液压技术的难度，一方面在于液压件的设计，另一方面则在于设计出来的液压件能否圆满地制造出来。液压件的制造，存在着许多道难关。

第一道难关在于材料。工程机械的一大特点是工作负荷极高。目前国际上规格最大的液压挖掘机的铲斗容量是 50 立方米，要把这 50 吨的物料铲起来，铲斗的工作负荷则达百吨。这样大的工作负荷意味着液压系统要承受极高的压强，材料的强度如果不够，则可能出现油缸或油管爆裂的重大事故。

第二道难关在于密封。从原理上说，液压系统是一个密闭系统，但液压系统的工作部件之间是必须存在缝隙的，否则便无法完成工作。例如，液压缸的活塞能够进行往复运动，活塞与缸体之间便要存在一个缝隙。为了避免液压油从缝隙中漏出，活塞与缸体之间需要有一层柔性的密封材料，它能够保证活塞自由运动，同时挡住活塞底部的高压液压油。

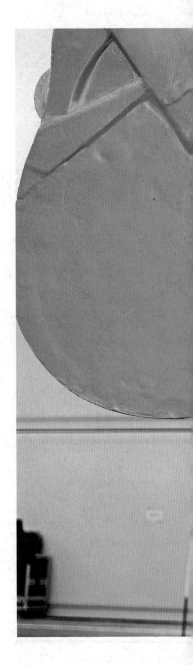

2021 年 9 月 13 日，挖掘机司机稳稳地吊起一个苹果。液压传动具有传动平衡、无级变速等特点，液压挖掘机因此可以实现精密控制

人们很早就已经开始使用橡胶作为密封材料，但普通的橡胶存在密封性能差、易老化、易磨损等缺陷，先进的密封材料同样是液压件制造中的核心技术。

最后的难关是加工工艺。液压系统对机械加工的要求同样极高。液压泵、液压马达、液压缸、液压阀等都是精密元件，加工精度差会导致漏油、阻力大、噪声大等问题。而要提高加工工艺，便涉及精密机床、精密铸造等一系列新的技术问题。

除了液压件之外，液压挖掘机的研制还存在着其他的技术难题。液压挖掘机相比机械式挖掘机的优点之一，就是体积小、重量轻，能够应用于更多的工程场合。但是，要缩小设备的体积与减轻设备的重量，就意味着每个部件的体积都要缩小，这就对材料的强度提出了更高的要求。

机械式挖掘机体积庞大，所以其动臂、斗杆等都可以做得很粗大。液压挖掘机的这些受力部件要做得细小，同时还要能承受很大的力量，因此制造这些受力部件的钢材应当有更高的屈服强度。这一时期国外的工程机械普遍使用屈服强度在 500 至 900 兆帕之间的高强度钢材，而我国的工程机械长期使用的是屈服强度在 200 至 300 兆帕之间的低级别钢材。高强度钢材，既是液压挖掘机研制的障碍，也是其他国产工程机械发展的障碍。

三、自主研制

由于看到了液压挖掘机的诸多优点，中国工程机械行业决定要攻克液压挖掘机的制造难题，掌握液压挖掘机的制造技术。

1962 年初至 1963 年 10 月，抚顺挖掘机制造厂开始研制斗容量为 1 立方米的全液压挖掘机，由于自制液压件不过关等一系列技术原因，这一阶段的试制未能获得成功。此次探索的失败，并没有使工程技术人员气馁，他们认识到中国的技术基础与西方先进国家之间的差距，选择了参考国外液压挖掘机的方式，从测绘仿制开始，逐渐摸索和积累经验。

1965 年，铁道部从日本神钢公司购买了 4 台 RH5 履带式液压挖掘机，这是神钢公司在引进联邦德国 O&K 公司技术基础上生产的机型。抚顺挖掘机制造厂对该机型进行仿制，但同样因为种种原因未能如愿。

1966 年，上海建筑机械厂参考日本油谷重工的 TC50 型挖掘机，试制斗容量为 0.4 立方米的液压挖掘机，命名为 W2-40 型。W2-40 型的液压系统包括液压油缸、液压马达、液压控制阀等部件，最大工作压力达到 30 兆帕，机械加工的几何形状偏差最小需要不超过 5 微米，同时还要满足高强度、耐磨、耐冲击等条件，这对于当时中国的机械加工水平而言是一个严峻的挑战。

工人们凭借现有设备，自行设计夹具，解决了液压马达定子内曲线加工、油泵三角形轴与轴套车磨加工、长油缸体加工等技术难题，经过半年努力，最终在这一年 7 月完成了样机试制，达到了预期要求。该型挖掘机首批生产了 7 台，其中 5 台先后在南京长江大桥引桥建设工地和上海大场机场等地进行了测试，积累下大量的应用经验。

随后，合肥矿山机器厂从液压挖掘机的关键部件入手，先后研制出液压主泵、主控制阀、先导阀、油封等部件，并在此基础上试制 WY60 型液压挖掘机。该型号从 1970 年开始试制，至 1978 年正式通过国家鉴定，实现量产。

等待出售的山推挖掘机

　　在这一时期，国内研制的液压挖掘机还包括杭州重型机械厂于 1969 年试制成功的斗容量为 2 立方米的 W2-200 型液压挖掘机、上海建筑机械厂于 1970 年试制成功的斗容量为 1 立方米的 WY100 型履带式液压挖掘机、贵阳矿山机器厂于 1974 年研制成功的斗容量为 0.6 立方米的 W4-60 型轮式液压挖掘机、北京建筑机械厂于 1970 年研制成功的斗容量为 0.2 立方米的 WZ2 型液压挖掘机和 1974 年研制成功的斗容量为 0.4 立方米的履带式液压挖掘机、长江挖掘机厂于 1977 年试制成功的斗容量为 1.6 立方米的 WY160 型液压挖掘机等。

经过 10 多年的摸索，中国的挖掘机械产品已经形成系列，除单斗挖掘机之外，还发展出了多斗挖掘机、斗轮挖掘机、挖沟机等产品。1983 年，全国挖掘机械总产量达到 1550 台，其中由城乡建设环境保护部系统企业生产的 1020 台挖掘机中，机械式挖掘机为 292 台，液压挖掘机已经达到 728 台。

2017 年 6 月 1 日，安徽蒙城县土桥现代农业种植专业合作社，司机正在操纵装载机翻晒刚收获的小麦

四、体系渐成

　　1961 年，第一机械工业部成立五局，即工程机械局，统一规划和管理建筑工程机械行业，从而使国内工程机械产业发展进入了一个新的阶段，产业体系得以形成。从 20 世纪 60 年代初至 70 年代末，中国工程机械产业在几乎完全失去外部技术来源的情况下，依靠自身力量，不断探索，建立起了一套独立自主的工程机械研发制造体系。这套体系虽然技术水平较为落后，但胜在完整，能够为国民经济各部门提供急需的工程机械。

2021 年 4 月 2 日，新疆喀什，一台青岛合众重工
生产的装载机在轧花厂装运棉籽

1. 装载机

1966 年，柳州工程机械厂根据对进口设备的测绘仿造，研制出新中国第一台轮式装载机 Z435。这款装载机斗容量为 1.7 立方米，正常作业时的装载重量达 3.5 吨，自重 11 吨。该机型于 1968 年通过部级鉴定，在随后的 10 多年时间里，累计生产近 1700 台，被广泛应用于露天矿开采等工作场景。

同一时期，国内研制的轮式装载机还包括厦门工程机械厂研制的 Z4-4、上海港口机械厂研制的 Z2-120、上海装卸机械厂研制的 DC-17、天津工程机械厂研制的 Z1-160 等，此外，宣化工程机械厂和山东淄博生建机械厂还研制出了履带式装载机。

1971 年，柳州工程机械厂在 Z435 型装载机的基础上，将刚性车架改为铰接式车架，开发了 Z440 型和 Z450 型装载机。其中，前者在几乎不增加自重的情况下，将额定装载量从 3.5 吨提高到 4 吨，最小转弯半径从 7.1 米减少到 5.4 米，增强了机械的适应性，为后续机型的开发积累了经验。

2. 推土机

1965 年，宣化工程机械厂通过对英国"挑战者"33 型推土机进行测绘，仿造出 T2-120 型推土机，这是当时国内最大马力的推土机。随后，上海彭浦机器厂推出了上海 120 型推土机。

至 20 世纪 70 年代末，中国形成了包括 20 多种机型的推土机产品系列，按功率可划分为 60 马力至 180 马力的五个类别。这一阶段国内生产履带式推土机的专业厂包括上海彭浦机器厂、山东推土机总厂、黄河工程机械厂、宣化工程机械厂、天津建筑机械厂、四川建筑机械厂、鞍山红旗拖拉机制造厂、青海拖拉机制造厂、沈阳桥梁厂等 9 家。此外，制造轮式装载机的企业同时也生产各种型号的轮式推土机。

3. 塔式起重机

1961 年，北京建筑工程机械厂成功试制红旗 II 号塔机，这是我国最早自行设计的下回转塔式起重机。1966 年，一机部建筑机械研究所与哈尔滨工程机械厂共同开发生产了 TQ6 型塔机。

1973 年，北京饭店扩建，北京建筑工程研究所、一机部建筑机械研究所、北京市机械施工公司、北京工业大学等单位承担了为工程研制自升式塔式起重机的任务，经过九个月的攻关，建成最高提升高度 160 米、吊臂最大回转半径 35 米、最大起重重量 10 吨的国内最大塔机。

20 世纪 60—70 年代，上海建筑机械厂、哈尔滨工程机械厂、太原重型机器厂、北京建筑工程机械厂等企业先后研制过多台塔机。

1973 年，一机部建筑机械研究所参与研发设计的自升式塔式起重机在北京饭店扩建工程中施工

4. 工程起重机

1968 年，北京起重机器厂研制出我国第一台液压汽车起重机，随后，国内汽车起重机逐渐转向液压化，最大起重重量达到 32 吨。至 20 世纪 80 年代初，国内生产汽车起重机和轮胎式起重机的骨干企业有 10 余家，最主要的包括长江起重机厂、浦沅工程机械厂、徐州重型机械厂、北京起重机器厂等。

在这一阶段，国内没有专业的履带式起重机制造厂，履带式起重机主要由挖掘机和推土机制造厂作为兼业产品生产，起重重量在 10 吨至 300 吨之间。

5. 混凝土机械

1966 年，一机部建筑机械研究所联合生产企业共同研制出了 JC2 型混凝土搅拌运输车，该车采用 8 吨黄河重卡底盘，拌筒容量 5.7 立方米，是我国第一台自行设计的混凝土搅拌运输车。随后，HL-20 型 750 升混凝土搅拌站研制成功。

20 世纪 70 年代初，扬州机械厂与一机部建筑机械研究所合作开发了 PH30 型混凝土喷射机，在喷射混凝土时，每小时可输出 4 至 8 立方米，最大输送高度 100 米，水平输送距离 250 至 300 米，可用于矿山、铁道、水电、军工等部门的隧道建设工作。

至 20 世纪 80 年代初，国内共有混凝土搅拌机生产企业 29 家，混凝土泵生产企业 2 家，混凝土喷射机生产企业约 20 家，混凝土振动成型机械生产企业 25 家。

建设部长沙建筑机械研究所研制的混凝土布料杆应用于秦山核电站封顶工程

6. 桩工机械

一机部建筑机械研究所是国内从事桩工机械研制的主要机构，在这一时期与生产企业合作，开发了多种类型的桩工机械。

1966年，一机部建筑机械研究所与上海工程机械厂合作，通过测绘消化联邦德国德马克公司同类产品，成功研制中国第一套D25型筒式柴油打桩机组，满足了我国混凝土预制桩施工的需要。

1972年，一机部建筑机械研究所与上海工程机械厂成功研制DZ40型振动桩锤，在北京地铁和民用建筑混凝土振动灌注桩的施工中取得成功，此后，这一技术在国内得到普遍应用。

同年，一机部建筑机械研究所还与北京建筑机械厂、北京"519"工程指挥部合作，开发了应用于北京地铁建设的DYG-320型液压压桩机，单根桩的压桩力可达到320吨。

1974年，为建设青藏铁路做前期准备，一机部建筑机械研究所与北京市机械施工公司共同研制了LZ-400型长螺旋钻孔机，并在青藏高原进行了试验。1978年，其又与浦沅工程机械厂合作，研制了用于青藏铁路建设的ZQ-30型汽车式冻土长螺旋钻孔机。

同一时期国内研制的桩工机械还包括上海基础工程公司研制的80吨机械式压桩机、河北新河钻机厂与中国建筑科学研究院地基所联合开发的GZQ-500型和GZQ-1250型潜水钻机等。

1970 年，一机部建筑机械研究所设计了静力压桩机，并联合 13 个厂制造了国内第一台静力压拔桩机，是当时国际上少有的大型产品

7. 科研体系

这一阶段，中国工程机械科研体系也进一步完善，其中天津工程机械研究所和长沙建筑机械研究所是最主要的两家工程机械科研单位。

1961 年 2 月，一机部批准在北京组建一机部工程机械研究所。同年 12 月，研究所迁往广东韶关。1962 年 11 月，研究所迁往天津，正式更名为天津工程机械研究所。1964 年 8 月，原隶属于抚顺挖掘机制造厂的抚顺挖掘机研究所并入天津工程机械研究所。

长沙建筑机械研究所起源于 1956 年在北京成立的建筑工程部机械施工总局设计室，是一家专业从事建筑机械设计的机构。设计室成立的当年，便研制出中国第一台拥有自主知识产权的塔机。

1960 年，设计室改名为建筑工程部建筑机械金属结构研究设计院。这家设计院于 1969 年迁至湖南常德，更名为一机部建筑机械研究所。1978 年迁至长沙，改名为建设部长沙建筑机械研究所，后改名为长沙建设机械研究院。

1961 年，一机部在沈阳建立沈阳风动工具研究所。1966 年，该研究所迁往甘肃天水，改名为天水风动工具研究所。

1974 年，一机部在西宁成立高原机电产品研究所，瞄准高原工程机械开发，进行技术储备。

长沙建设机械研究院旧貌

三一重工混凝土泵车助建港珠澳大桥

经过十几年的积累，至 1978 年底，
中国已经建成了一个较为完整的
工程机械研发和制造体系，
共有专业的工程机械制造厂 175 个，
工程机械年产量近 20 万吨，
能够批量生产的工程机械品种约 260 个，
部分产品达到了 20 世纪 70 年代初的国际水平。

在产品技术方面，液压、液力传动已较为普遍，伸缩式起重臂、动力变速箱、轴承式回转装置、铰接式转向机构、浮动密封等新结构已得到应用。产品制造中采用了精铸、少无切削、等离子喷焊等新工艺，以及低合金高强度钢、粉末冶金材料、尼龙、工程塑料等新材料。

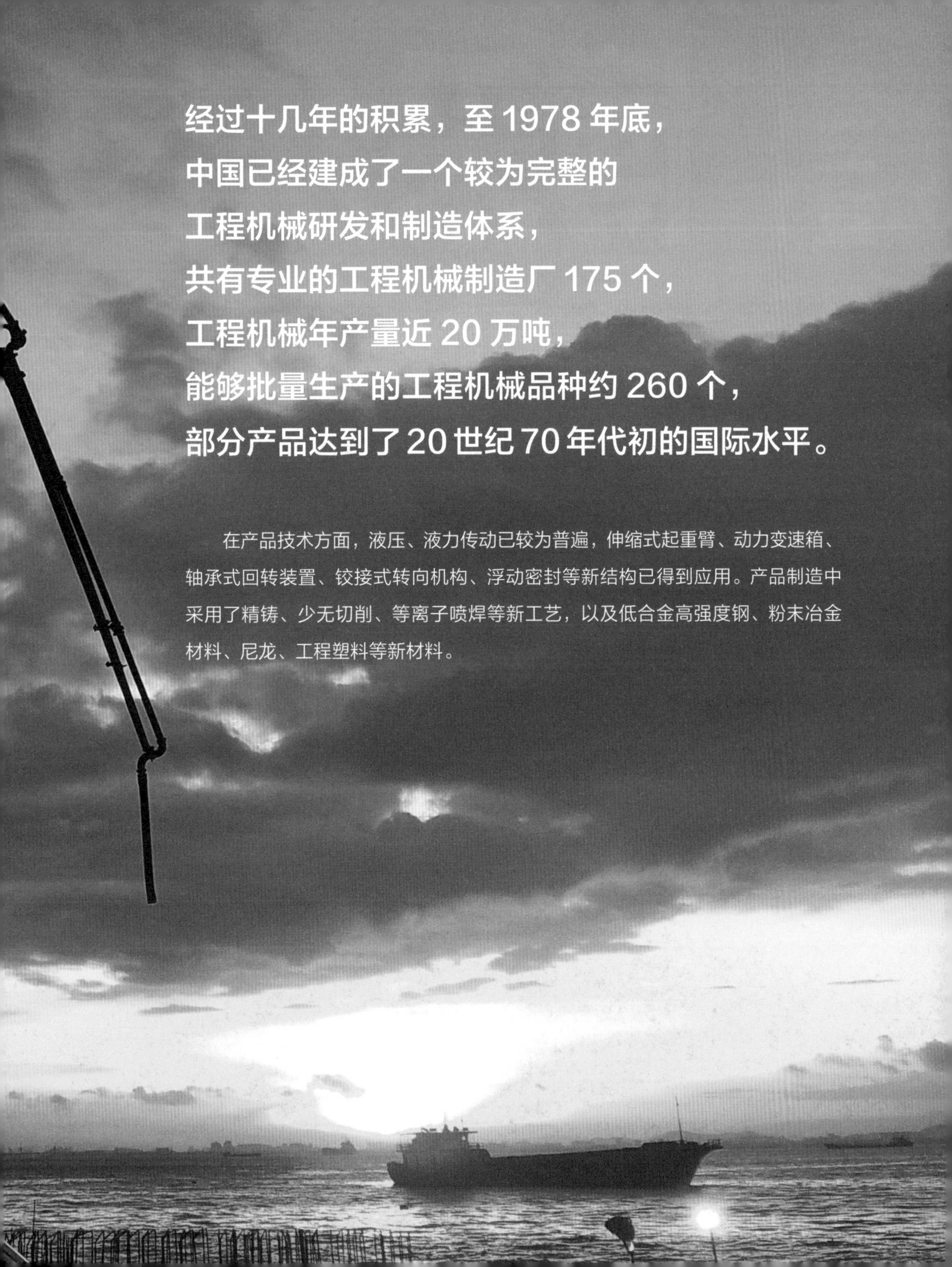

第三章

博采众长

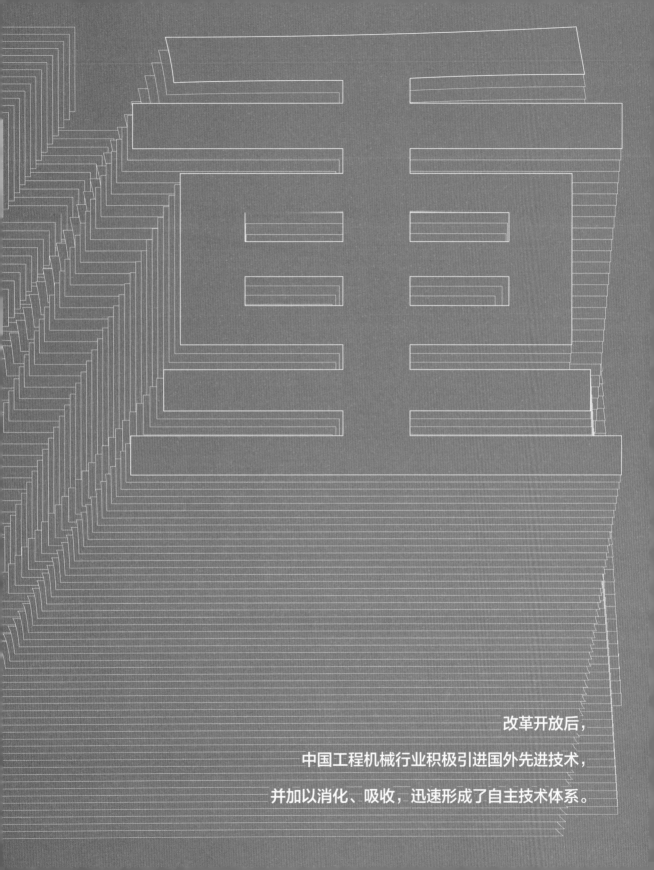

改革开放后，

中国工程机械行业积极引进国外先进技术，

并加以消化、吸收，迅速形成了自主技术体系。

雄安新区，塔机林立

一、技术差距

中国的重工业体系是在一穷二白的基础上建立起来的。从 1960 年至 1978 年，中国基本处于东西方两大阵营联手封锁的状态。中国的工程机械企业自力更生，突破了大批技术难关，建立了一个较为完整的工程机械研发和制造体系，为国家重点工程建设提供了必要的工程机械。

但是，技术上的落差，不是短时间内可以弥补的。1979 年，机械部对国内 123 个工程机械品种进行调查发现，技术水平相当于国外 20 世纪 70 年代初期的有 21 个，约占 17.07%；相当于 60 年代的有 51 个，约占 41.46%；相当于 50 年代的有 44 个，约占 35.77%；相当于 40 年代的有 7 个，约占 5.69%。平均计算，统计范围内的工程机械技术水平平均比国外落后 15 年以上。

技术水平的落后，表现在多个方面，其中亟待解决的问题包括大型机械缺失、特种机械门类不齐全、产品质量低下等。

1979年123个工程机械品种的
技术水平分布

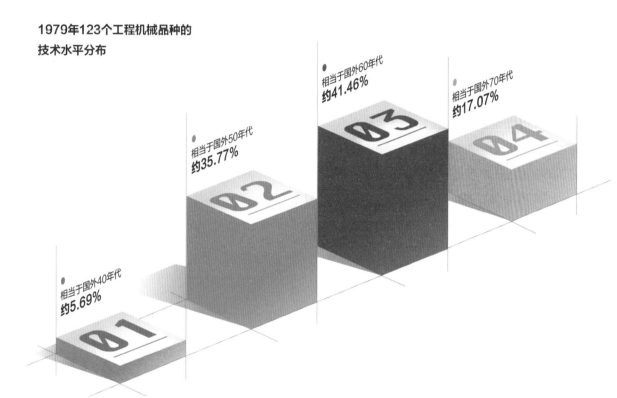

相当于国外40年代
约5.69%

相当于国外50年代
约35.77%

相当于国外60年代
约41.46%

相当于国外70年代
约17.07%

工程机械技术指标要求的提升，给设计和制造带来的难度，不是线性增加的，而是呈指数级增加的。受技术水平的影响，当时中国的工程机械大多局限于中小型，大型机械的制造一直是行业的短板。

以推土机为例，西方国家 400 马力以上功率的推土机已经得到广泛应用，日本小松的 D455 型推土机功率为 620 马力，美国卡特彼勒 D10 型推土机功率为 700 马力。而国内推土机仅有 60 至 180 马力共五个型号，大功率推土机方面完全是空白。大型露天矿使用的矿用挖掘机，国外已经普遍在斗容量 10 立方米以上，而我国的主流产品是 4 立方米，8 立方米和 10 立方米产品只是刚刚进入工业试验阶段，距离量产还有很长的路要走。装载机、铲运机和平地机方面，我国虽然均能生产，但局限于小型和少量的中型产品，大型产品也是空白。25 吨和 40 吨以上的压路机，我国完全无法生产。

　　特种机械门类包括水下工程设备、隧道工程设备、高原工程设备等，由于施工环境特殊，对产品设计和制造均有极高的要求。水下设备中的水下凿岩机、水下推土机、水下夯实机、水下混凝土灌注机等，国内完全是空白。隧道施工中使用的盾构机、硬岩掘进机，国内虽然有试验性产品，但质量不尽如人意，达不到工程应用的要求。高原施工机械需要适应低气压、高寒等恶劣工况，国内产品仍处于试验阶段。

　　产品质量的差距，可以用工程机械平均使用寿命来加以反映。据测试，当时中国推土机的履带总成平均使用寿命为1000小时，经过几年的技术攻关之后，部分产品可达到4000小时，而日本小松和美国卡特彼勒的同类产品则在6000至9000小时。国产矿用机械式挖掘机的主要零部件平均使用寿命仅相当于苏联同类产品的1/2，而苏联产品的平均使用寿命又与西方国家的存在一定的差距。

除产品本身存在的差距之外，当时中国工程机械的制造工艺，与发达国家也有显著差距。国内工程机械厂普遍存在"五个一"的状况，即一个人、一台机床、一把刀具、一套卡具、一个工件，自动化程度极低。铸造生产的机械化程度不到10%，锻件生产主要采用自由锻，费时费料。综合评价而言，制造工艺仅相当于国外20世纪40—50年代的水平，劳动生产率相当于国外的20%，制造成本比国外高3倍以上，产品完全没有竞争力。

1979年8月，北京工厂里操作重机械的工人

二、引进、消化、吸收

面对差距，中国工程机械产业没有气馁，而是利用了国际政治环境趋向和缓的机会，积极引进技术并加以消化、吸收，以最快的速度追赶国际先进潮流。

20 世纪 70 年代初，老一辈革命家审时度势，借助乒乓外交，以"小球推动大球"，打开了中美关系正常化的大门。1978 年，国家作出了改革开放的决策，积极引进国外先进技术，中国工程机械产业获得了一个快速发展的机会。

1978 年之前，中国曾经有过两次从国外大规模引进技术的历程。第一次是 20 世纪 50 年代，主要是从苏联引进"156 项重点工程"。第二次则是 20 世纪 70 年代，中国利用中美关系缓和的机会，从西方引进了包括武汉钢铁厂 1700 毫米冷、热轧机以及 13 套大型合成氨装置在内的一批成套技术装备，因最初使用的外汇总额为 43 亿美元，史称"四三方案"。

除了上述两次大规模引进，1978 年以前，中国还进行过一些引进项目，如 1965 年从法国引进重型汽车制造技术，20 世纪 60 年代从西欧国家和日本引进石油化工技术等。这些技术引进，对于特定行业的技术发展起到了良好的作用，但对于整个国家的工业体系而言，只能算是杯水车薪。

改革开放之初，国家经济委员会经过广泛调研，汇总并提出了一份包括 3000 项内容的技术引进清单，启动了一轮规模空前的技术引进。总结此前 30 年技术引进的经验与教训，国家提出了"引进、消化、吸收"的引进策略，具体表述可以用 1983 年国务院发布的《关于抓紧研制重大技术装备的决定》的内容来概括：

在依靠我们自己技术力量的同时，积极引进国外先进技术，合作设计、合作制造若干套重点建设项目的技术装备，力争在前 10 年内把这些最核心的关键技术真正掌握在自己手里。

该决定提出的引进策略，不仅仅适用于决定中提到的大型露天矿成套设备、大型复合肥料成套设备、大型火力发电成套设备等重大技术设备，而且是全国各行业技术引进工作必须坚持的原则。这一策略的提出，也使我国的工业技术发展由此前测绘仿制与自主开发相结合的模式，转向了技术引进与自主开发相结合的模式。

工程机械领域成为技术引进中最早的受益者之一。

宝钢一号高炉点火仪式

1985 年 9 月 15 日，上海宝钢一期工程的标志性项目一号高炉投产。1978 年 12 月 23 日，十一届三中全会闭幕的第二天，上海宝山钢铁总厂破土动工。这是我国改革开放后，从国外引进的规模最大、综合技术最先进的特大钢铁联合企业，使中国钢铁工业技术装备水平与世界先进水平的差距至少缩短了 20 年

三、大引进

1978 年之前，中国的工程机械行业主要由第一机械工业部下属的工程机械局管辖。1982 年之后，为了适应城市建设的需要，工程机械被划分为两个体系，其中凿岩机械和风动工具由机械工业部（原第一机械工业部）管理，压实机械、桩工机械、钢筋混凝土机械、建筑装修机械和城建机械由城乡建设环境保护部管理，挖掘机械、铲土运输机械和工程起重机械则由机械部和建设部各管理一部分。此外，交通部、水利电力部、煤炭工业部、铁道部等国家部委也各管理一些专用施工机械的制造企业。

由于分属两个部门，因此工程机械的引进工作，也分别由机械部和建设部各自组织开展。据统计，从 1979 年至 1998 年，中国与 15 个国家的 70 余家公司签约引进了 174 个项目，引进方式包括引进技术许可证、技贸结合、引进制造设备等各种方式，几乎涉及工程机械的所有门类。

2019 新动能·青岛展览洽谈会展出的山推推土机

　　1979 年，第一机械工业部组织山东推土机总厂、上海彭浦机器厂、黄河工程机械厂、天津工程机械研究所、第一机械工业部第一设计院考察日本小松制作所，随后签约引进了小松制作所的 85A/220 马力、D80A-18/220 马力、D155A/320 马力履带式推土机的全套设计制造技术。

推土机

推土机的主要用途是铲土和填土，有时也可用于平整路基、松土以及短距离运输沙土。推土机前端的推土装置称为铲刀，工作时，将铲刀切入地面，机械向前运动，即可完成对沙土的切削与运送工作。

根据行走装置的不同，推土机同样可分为履带式和轮胎式。由于推土机的工作环境往往是土质较为松软的场地，因此采用履带式行走的方式最为常见。

根据发动机功率的不同，推土机可分为超轻型（功率在 30 千瓦以下）、轻型（功率在 30 至 74 千瓦之间）、中型（功率在 74 至 220 千瓦之间）、大型（功率在 220 至 380 千瓦之间）以及超大型（功率在 380 千瓦以上）。

按用途分，推土机可分为标准型、高原型、环卫型、电厂型、森林伐木型等。

中联重科的推土机模型

　　1980 年，城乡建设环境保护部组织行业内的企业、研究所及有关单位分别对德、法、日、英、美等国的主要挖掘机制造企业进行技术考察，综合对比其技术水平、经济合理性以及合作条件，以确定技术引进的对象。经过一年多的考察与分析，城乡建设环境保护部最终确定与联邦德国利勃海尔公司签订技术引进合同，从利勃海尔公司引进 R942 型液压挖掘机的全部制造技术，技术受让方为上海建筑机械厂。

　　1985 年，中国再次引进利勃海尔公司的 R912、R922、R962 等几个型号的液压挖掘机，分别由贵阳矿山机器厂、合肥矿山机器厂、长江挖掘机厂作为技术受让方。此外，同年中国还引进了联邦德国 O&K 公司的 MH6、RH6 两个型号的液压挖掘机，由北京建筑机械厂作为技术受让方。

　　在液压挖掘机大规模引进技术的同时，依托国务院《关于抓紧研制重大技术装备的决定》中的"千万吨级的大型露天矿成套设备"项目，1983 年，太原重型机器厂与美国久益（P&H）公司达成"大型挖掘机制造技术转让协议"，引进 16 立方米矿用挖掘机技术。

上海建筑机械厂引进联邦德国利勃海尔公司生产的 R942 型液压挖掘机技术，经过技术消化，
到 1988 年产品的零部件国产化已达到 95%，性能与功效达到国外 20 世纪 80 年代水平，
当时不仅代替了原需进口的挖掘机，为国家节约外汇，还有部分出口

2022 年 7 月 11 日，太原重型机械集团有限公司生产的挖掘机

久益的大型矿用挖掘机在国际市场上久负盛名，销售量一度占据全球大型挖掘机销售量的 70% 以上。久益挖掘机是电动机械式正铲挖掘机，采用齿条推压方式驱动，能够适应坚硬矿岩的挖掘。久益在挖掘机材料方面也有着深厚积累，其使用的金属材料能够耐零下 40 摄氏度的低温，很适合中国北方使用。1986 年 3 月，由太重与美国久益公司合作生产的首台 P&H2300XP 型矿用挖掘机通过验收，随后被送往首钢矿山公司水厂铁矿安装使用，在生产中创造了最高单月生产 55.7 万吨、最高单日生产 4 万吨的纪录。

1984 年，由城乡建设环境保护部牵头，北京建筑工程机械厂、四川建筑机械厂、沈阳建筑机械厂等单位联合从法国波坦公司引进了 H3/36B、F0/23B、GTMR360B 等型号塔机的专有技术和生产许可证，其中既包括了波坦公司的塔机技术，也包括了为塔机配套的专用电机、减速机、电缆卷筒、回转支承、控制电器等技术，还有 300 多项技术标准。这些技术的引进，使国内的塔机制造水平提升了 20 年。

工程起重机的技术引进涉及多家外国厂商与多个型号。从 1979 年起，中国先后从日本三菱、日本加藤、日本多田野、联邦德国利勃海尔等公司引进了多种型号的汽车起重机，起重吨位涵盖 16 吨至 125 吨；从日本日立、联邦德国德马克引进了多种型号的履带式起重机，起重吨位涵盖 35 吨至 400 吨；从美国格鲁夫（Grove）等引进了多种型号的越野轮胎式起重机，起重吨位涵盖 20 吨至 110 吨。上述引进的技术受让方包括北京起重机器厂、哈尔滨工程机械厂、广州港口机械厂、徐州重型机械厂、浦沅工程机械厂、锦州重型机械厂、长江起重机厂、抚顺挖掘机制造厂、太原重型机器厂等。

轮式装载机的引进型号同样有很多，包括日本小松的 WA300-1、WA470-1，日本古河（Furukawa）的 FL-90、FL460，日本川崎（Kawasaki）的 KLD85Z，美国卡特彼勒的 980S、936E、966E，美国盖尔（Gehl）的 SL4610，波兰斯洛瓦的 L34-1，联邦德国利勃海尔的 L508 等，技术受让方则分别为常州林业机械厂、烟台工程机械厂、徐州装载机厂、厦门工程机械厂、宜春工程机械厂、四平工程机械厂、柳州工程机械厂等。

2020 年 12 月 14 日，海口绕城公路美兰机场至演丰段公路机械轰鸣，建设者开着压路机在铺设沥青路面

　　路面机械与压实机械是传统意义上工程机械十八大分类中的两种，都是与道路修筑和养护相关的机械。20 世纪 50 年代，中国已经通过仿造的方法生产出了几种不同规格的压路机；60 年代，又先后开发了一部分用于低等级公路养护的小型机具，如小型沥青搅拌设备、在东方红 54 型拖拉机上加挂设备改装的沥青混凝土铺装机等。

　　20 世纪 80 年代中期至 90 年代中期，中国开始引进国外的路面与压实机械和技术，包括西安筑路机械厂从英国 Paker 公司引进的 1000 型、M3000 型沥青搅拌设备，从德国 Dynapac-Hoes 公司引进的沥青摊铺机；徐州工程机械厂从德国福格勒公司引进的 S1502、S1704 等几种轮胎式和履带式沥青摊铺机；陕西建设机械厂从德国 ABG 公司引进的 411 型沥青摊铺机；镇江路面机械总厂从日本日工引进的摊铺机制造技术；徐州工程机械厂引进的 CA-25、CA-30、CC221、CC422 四个机型的单钢轮和双钢轮压路机；洛阳建筑机械厂和江麓机器厂从德国宝马格和 Vibromax 公司引进的振动压路机等。

　　此外，20 世纪 80—90 年代引进的工程机械还包括叉车、混凝土搅拌输送车、混凝土泵、打桩机、凿岩钻车等，以及驱动桥、全液压转向器、液压变矩器、力矩限制器、密封润滑式链轨总成等零部件制造技术。可以这样说，在工程机械的每个细分领域，中国都选择了向国外先进厂商学习，通过专用技术许可、联合设计、合作制造的方法，博采众长，为我所用。

四、脱胎换骨

20 世纪 80 年代的技术引进，极大地提高了中国工程机械产业的技术水平。上海建筑机械厂在消化联邦德国利勃海尔公司的技术后，利用利勃海尔技术许可证生产 R942、R962、R972、R982 等型号的液压挖掘机；杭州重型机械厂与联邦德国德马克公司合作生产 H55 和 H85 等型号的液压挖掘机；太原重型机器厂与德马克合作生产 H121 型液压挖掘机；北京建筑机械厂引进联邦德国 O&K 公司技术，生产 RH6 型液压挖掘机。

1978 年至 1986 年间，各主机厂的技术引进（主要是联邦德国的技术），使我国液压挖掘机产品的性能指标全面提高到 20 世纪 70 年代末 80 年代初的国际水平，全国液压挖掘机平均年产量达到 1230 台。

改革开放以来的技术引进，强调的是成套技术引进，包括产品技术资料、技术标准、相关配套技术、测试手段、制造工艺、人才培训等，不仅仅满足于"知其然"，还要追求"知其所以然"，这样就为后续的自主开发打下了基础。贵阳矿山机器厂于 1985 年从联邦德国利勃海尔公司引进 R912 型液压挖掘机的制造技术，至 1989 年国产化率已经达到 98%。北京建筑机械厂从联邦德国 O&K 公司引进 RH6 液压挖掘机技术，至 1989 年国产化率也达到了 76%。

通过大规模的技术引进，至 20 世纪 80 年代末，中国工程机械行业已经形成了庞大规模，体系日益完善，技术水平得到有效提升，有一些技术已经达到了 80 年代中后期的国际水平。

据统计，到 1989 年中国的工程机械共有 18 个大类 219 个产品系列、655 个型式、1065 个规格、2026 个型号，其中包括 125 个从国外引进的机型。在所有的产品型号中，按技术水平划分，相当于 20 世纪 50 年代水平的有 566 个型号，60 年代至 70 年代初水平的有 1003 个型号，70 年代末至 80 年代初水平的有 457 个型号。

1984 年，上海宝山钢铁总厂施工现场

至 1989 年底，

机械电子工业部体系内的县级以上工程机械厂有1100多个，

修配厂 120 多个。

其中列入"七五"大行业规划的 549 个主要企业，

拥有职工约 37 万人，

1989 年工业总产值 62 亿元。

建设部体系归口管理的建筑工程机械企业有 144 家，

职工 13.6 万人，

1989 年工业总产值 25.2 亿元。

第四章

面壁十年

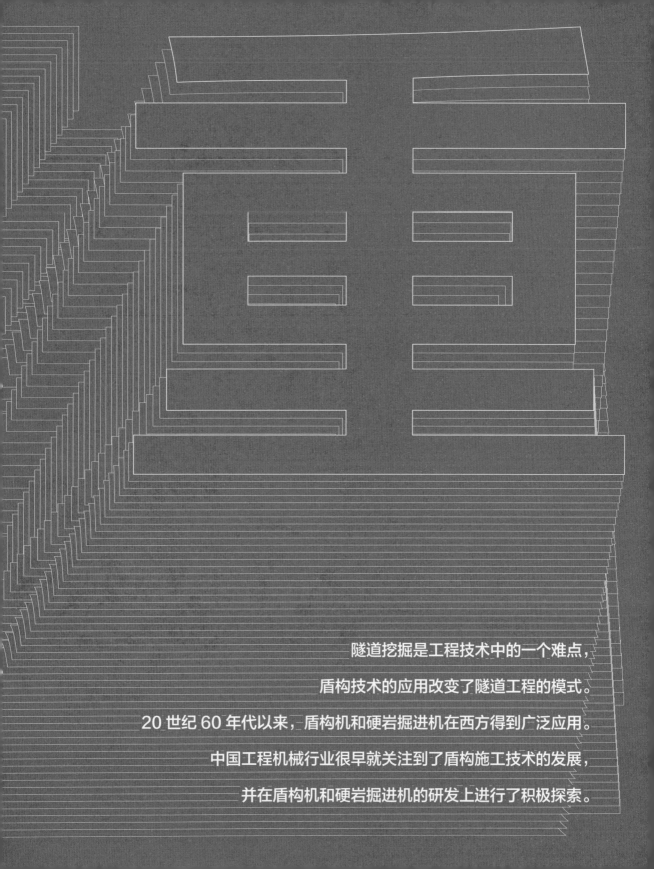

隧道挖掘是工程技术中的一个难点，

盾构技术的应用改变了隧道工程的模式。

20 世纪 60 年代以来，盾构机和硬岩掘进机在西方得到广泛应用。

中国工程机械行业很早就关注到了盾构施工技术的发展，

并在盾构机和硬岩掘进机的研发上进行了积极探索。

盾构机生产车间

一、隧道施工方法

人类最早开凿隧道，是为了采矿的需要。在湖北大冶铜绿山古铜矿遗址中，我们可以看到3000多年前古人开凿隧道的痕迹，并能从中推测其使用的挖掘技术。

随着工程技术水平的提高，人类开始挖掘具有工程意义的隧道，其中包括交通隧道和水利工程隧道。东汉年间，为了打通古褒斜栈道，汉中郡有识之士鄐君组织民工开凿了长约16米的石门隧洞。据考证，开凿方法为我国古代发明的"火烧水激"法，即用火焚烧岩石，再泼水冷却，岩石在冷热变化中开裂，石工将开裂的岩石凿下，再继续此前的步骤，直至隧道完成。

早期的隧道挖掘技术，完全是手工操作，劳动强度大，而且容易造成危险。近代以来，隧道挖掘技术得到长足发展，根据隧道类型的不同，技术也有很大的差异。

在山区开挖隧道，常用的方法包括矿山法和掘进机法，其中矿山法又称为钻爆法，包括传统矿山法和新奥法。在平原浅埋地表或在软土层修建隧道，常用的方法包括明挖法、盖挖法以及暗挖法。在水底修建隧道，常用的方法包括沉埋法和盾构法。

　　钻爆法，顾名思义便是钻眼和爆破相结合的方法。使用钻爆法施工，是用钻孔工具在整个隧道断面上钻若干个洞眼，在洞眼里安装炸药，通过炸药爆炸产生的力量震碎岩石，实现掘进。在很长一段时间内，我国工程部门开展钻爆法施工时，采用的是肩扛式风钻，后来才逐渐把风钻固定在台车上，从而降低了施工人员的劳动强度。

　　钻爆法中的传统矿山法与新奥法区别主要在于对隧道围岩受力结构认识上的差异。传统矿山法认为围岩是必然会松弛坍塌的，因此在开挖过程中需要随时进行支护，然后构造一个刚性的衬砌用以支撑围岩。新奥法源于对岩体力学的新认识，认为围岩本身具有一定的支撑能力，对于稳定的围岩，只需要用锚杆和喷射混凝土进行加固，不需要额外的刚性衬砌。

　　新奥法施工规范于1963年确定，中国在20世纪70年代引入了新奥法，在许多工程中得到应用，并创造性地提出了在软土隧道施工中的新奥法规范。

列车驶出京张高铁居庸关隧道

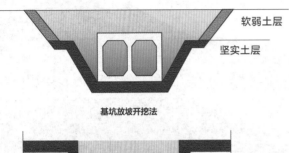

软弱土层

坚实土层

基坑放坡开挖法

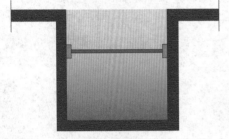

基坑支护开挖法

明挖法施工

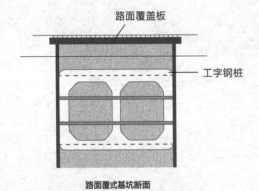

路面覆盖板

工字钢桩

路面覆式基坑断面

盖挖法施工

明挖法、盖挖法和暗挖法主要是针对软土隧道而言的，当然，钻爆法有时候也被认为是暗挖法的一种。

其中，明挖法是指直接从地面开挖，挖到指定的深度后，在沟槽中构建隧道建筑物，然后再用土石在建筑物上面填埋，从而形成一条埋藏在地面之下的隧道。

盖挖法也是先从地面开挖，但是只挖到预定的隧道顶部位置，即进行隧道顶盖的修筑。隧道顶盖完成后，施工人员在顶盖保护下继续向下开挖，而顶盖上方则可以进行填埋，以恢复地面交通。这种施工方法，能够缩短占用地面的时间，适合在交通繁忙的道路上采用。该方法由于最早在米兰地铁工程中得到应用，因此也被称为米兰法。

2017年4月29日，山西运城，工人们在蒙华铁路中条山隧道工地施工

暗挖法不需要挖开地面，而是全部在地下施工。暗挖法包括矿山法、盾构法和顶管法，区别在于地下结构的形成顺序。矿山法是在挖掘的过程中先用钢材或木材支撑，然后构建地下结构；盾构法是在挖掘的同时进行结构的构建；顶管法则是先把结构制作好，再用装置把结构推到设计位置上去，并将推进过程中产生的土方运出。

水底隧道建设中的沉埋法，与顶管法施工有相似之处，也是预先制作管道，然后把管道投放到指定的水域中，在水下进行连接。在投放管道之前，水下区域需进行清理，如果管道的位置比水底更深，则需要事先在水底的河床或海床中开挖沟槽，再将沉管直接投放到沟槽中形成隧道。

掘进机法，是矿山法的延伸，其特征是将隧道掘进、出碴、衬砌等工作集于一身，提高了隧道开掘的机械化与自动化程度，因而深受工程行业的青睐。

这些隧道施工方法各有千秋，需要根据隧道工程的实际情况加以选择。不过，在当今世界，隧道掘进机技术的应用水平，很大程度上代表了一个国家隧道工程的能力。

2021 年 6 月 19 日，大连湾海底隧道项目沉管预制现场

二、隧道掘进机

蓝天白云下，隆隆轰鸣的挖掘机在往返奔忙，推倒高坡，填平深谷。而在地表之下，则有另一支机械大军在默默掘进，它们面对的是比地表工程复杂艰难百倍的任务。

它们的名字，对许多人来说略显陌生，这一类机械，被统一称为隧道掘进机。

不过，在几十年后，它们中的一员开始频频出现在社会公众面前，这个成员的名字也广为人知，它的名字叫作盾构机。

1. 隧道掘进机的分类

隧道掘进机的分类各国有所不同，我国一般按照掘进机的工作场景将其分为两种类型：盾构机和硬岩掘进机。其中，盾构机特指用于软土地层施工的掘进机，而硬岩掘进机顾名思义，便是指用于岩石地层施工的掘进机，在行业中也经常用它的英文名称缩写 TBM 来称呼它。

盾构机的得名，来自它的工作场景。由于软土地层缺乏支撑，隧道掘进过程中容易出现土层坍塌现象，因此掘进机械在掘进过程中，需要在机械的前端设置一个护盾，用于支撑掘进面。在护盾之后，则有一个构筑系统，随着盾构机的掘进，随时在新开掘出来的隧道壁上贴上管片，再用水泥等进行固定。盾构机一词的"盾构"二字，便是由此而来。

由于岩石地层不易坍塌，所以在岩石地层中施工的 TBM 并不需要前端的护盾与其后的构筑系统，而只需要具备能开凿坚硬岩石的刀头，因此不能被称为盾构机。

不过，由于 TBM 的工作场景主要是山区的铁路建设，而盾构机则被大量应用于城市地铁以及过江隧道的建设，人们日常所了解的隧道掘进机多为盾构机，因此这个词获得了较为广泛的认同，许多人也把 TBM 算在盾构机的范畴之内。

TBM 被划到盾构机的范畴内，还有一个原因，那就是并非所有的硬岩地层都具有坚实的结构。有些地质断裂带的岩石虽然坚硬，但却破碎不堪，根本无法形成支撑，所以在这种地带进行隧道施工的掘进机同样需要设置护盾和构筑系统，这就与盾构机完全相同了。

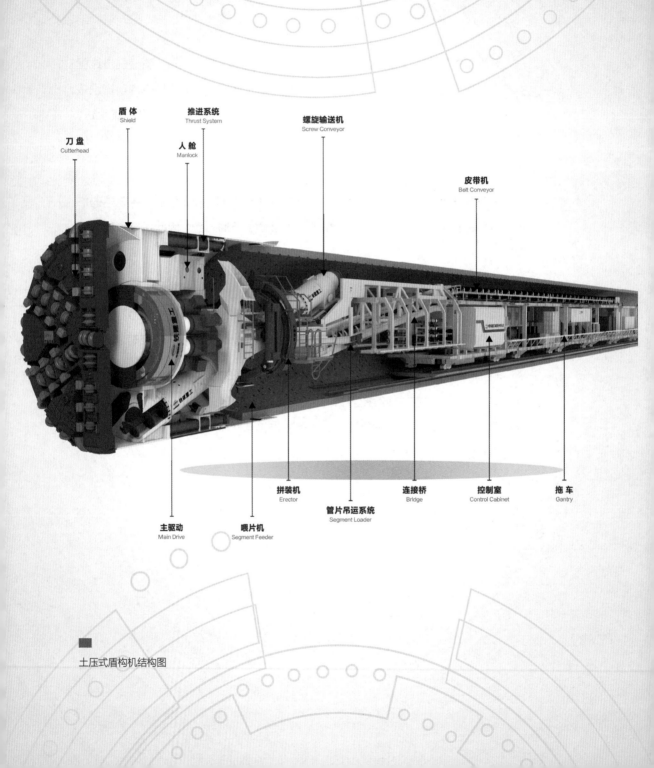

刀 盘
Cutterhead

盾 体
Shield

推进系统
Thrust System

人 舱
Manlock

螺旋输送机
Screw Conveyor

皮带机
Belt Conveyor

主驱动
Main Drive

喂片机
Segment Feeder

拼装机
Erector

管片吊运系统
Segment Loader

连接桥
Bridge

控制室
Control Cabinet

拖 车
Gantry

土压式盾构机结构图

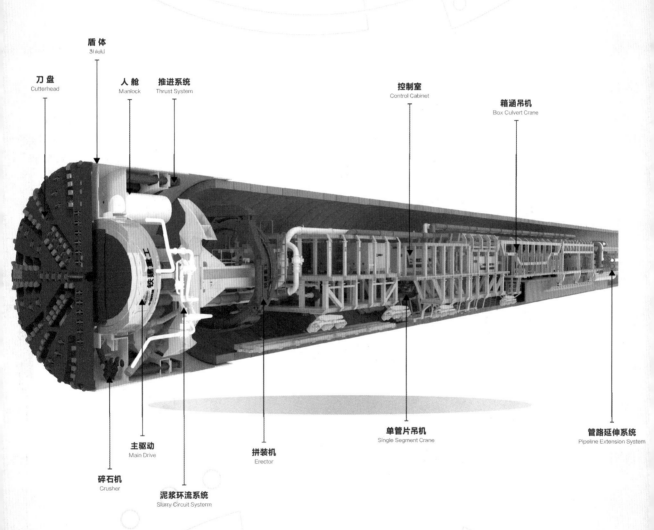

盾 体
Shield

刀 盘
Cutterhead

人 舱
Manlock

推进系统
Thrust System

控制室
Control Cabinet

箱涵吊机
Box Culvert Crane

主驱动
Main Drive

拼装机
Erector

单管片吊机
Single Segment Crane

管路延伸系统
Pipeline Extension System

碎石机
Crusher

泥浆环流系统
Slurry Circuit System

泥水式盾构机结构图

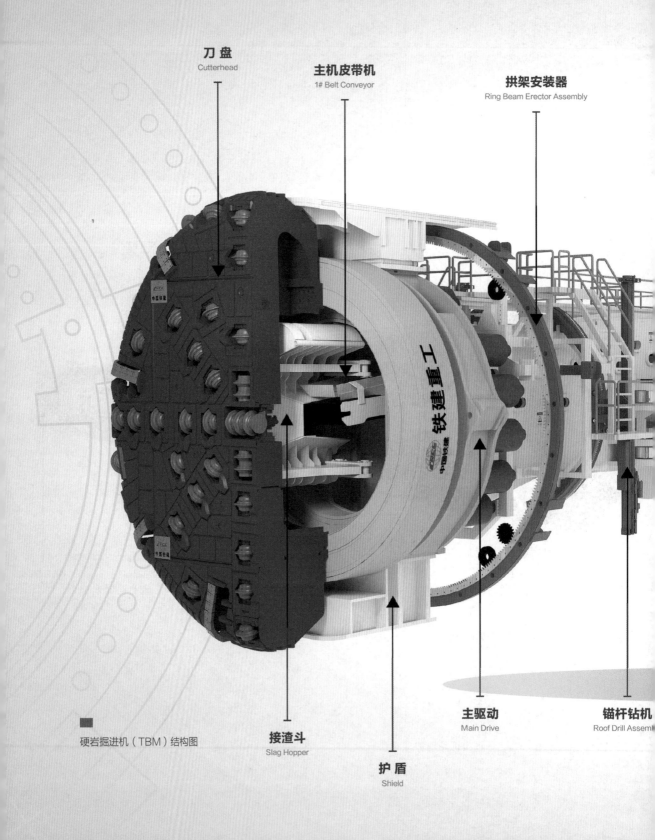

刀 盘
Cutterhead

主机皮带机
1# Belt Conveyor

拱架安装器
Ring Beam Erector Assembly

铁建重工

硬岩掘进机（TBM）结构图

接渣斗
Slag Hopper

护 盾
Shield

主驱动
Main Drive

锚杆钻机
Roof Drill Assem

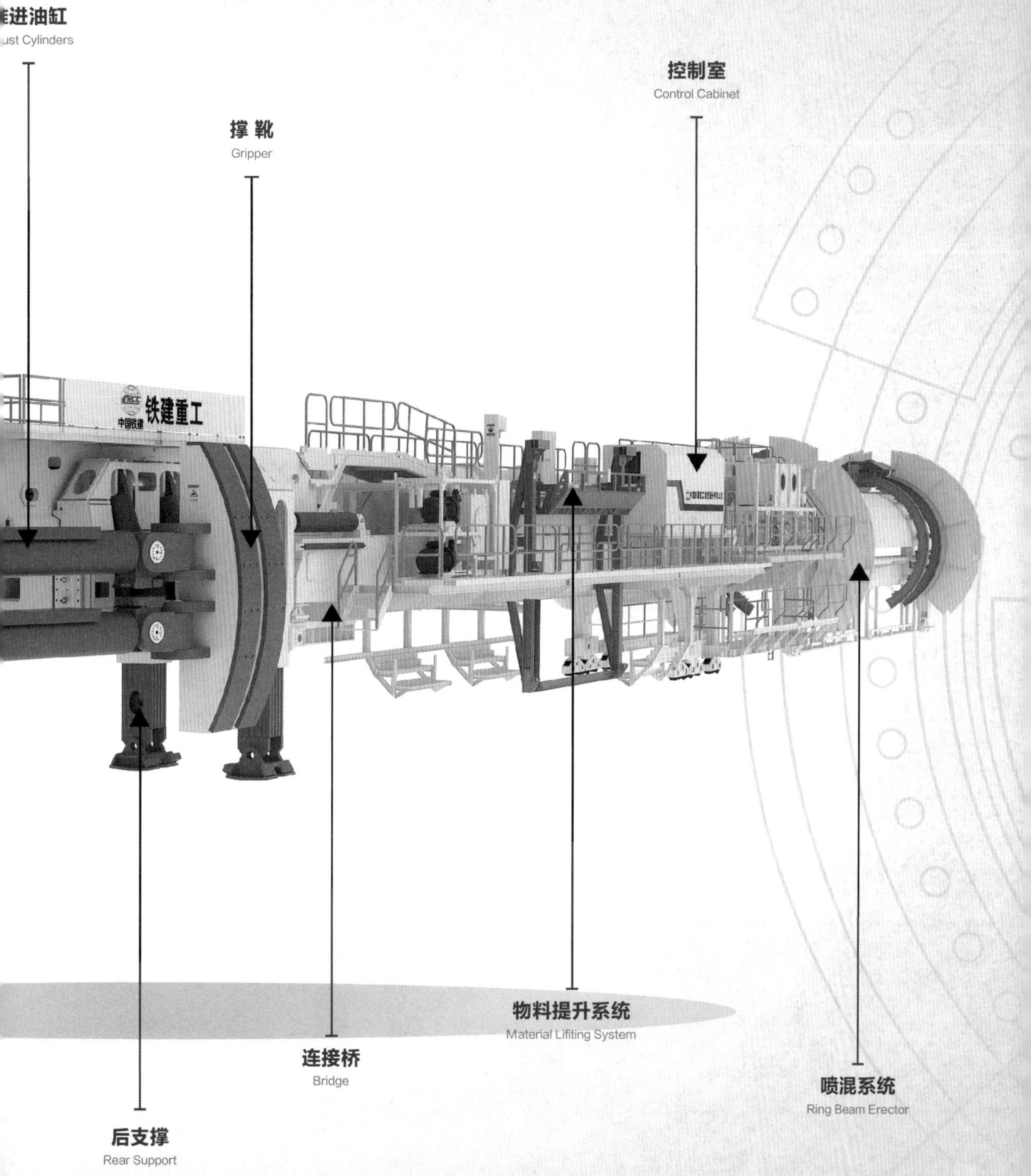

推进油缸
ust Cylinders

撑 靴
Gripper

控制室
Control Cabinet

中国铁建 铁建重工

后支撑
Rear Support

连接桥
Bridge

物料提升系统
Material Lifiting System

喷混系统
Ring Beam Erector

2019 年 12 月 12 日，北京地铁 17 号线 18 标段左线顺利贯通，工人行走在隧道内

2. 盾构法的起源与发展

盾构施工方法起源于英国，由法国工程师布鲁诺尔（Brunel）在1818年首创并获得专利。据称，布鲁诺尔是从船蛆腐蚀船底中得到的启发。船蛆是一种头部有外壳的生物，在钻穿木板的过程中，会分泌出一种能够凝固成坚硬外壳的液体。布鲁诺尔因此提出了盾构施工的思路，在施工机械的前端设置一个盾壳，对工人起保护作用。工人通过手工方法开挖隧道，施工机械由液压千斤顶推进。每前进一步，后端机构就及时地对隧道进行衬砌加固。

这一阶段的盾构法施工，称为手掘式盾构，其与传统的矿山法并没有实质性区别。但盾构概念的提出，对后来盾构机的产生提供了启示。

1876年，英国人约翰·荻克英森·布伦敦和姬奥基·布伦敦申请了全球第一个机械式盾构的专利，从而开启了机械式盾构的时代。两位布伦敦所设计的机械式盾构是使用一个半球形的旋转刀盘代替人工进行开挖，在刀盘后面带有皮带式输送机，能够把开挖出来的碴土输送出隧道，这种机械已经具有了现代盾构机的雏形。

在此后的近100年时间里，工程师们对盾构施工方法进行了大量的探索和试验，进行了加压盾构、辐条式刀盘等技术革新。

1964年，英国人摩特·亥、安德森、约翰·巴勒特申请了泥水加压平衡盾构的专利，业内将其视为第三代盾构的开端。第三代盾构被称为闭胸式盾构，包括泥水加压平衡式、土压平衡式等盾构方式，时间跨度大致是从1964年至20世纪80年代中后期。

20世纪90年代之后，盾构施工方法进步极为迅速，具体表现在盾构机的自动化程度不断提高，盾构隧道长度和断面直径不断增加，异形断面得到普遍应用，这一阶段可以被认为是盾构技术的第四代。

三、盾构施工的探索

盾构法作为一种有着无限潜力的施工方法，很早就受到了中国工程行业的关注。1953 年，工程技术人员在东北阜新煤矿的疏水巷道建设中，采用了手掘式盾构的方法，盾构断面直径为 2.6 米，在开掘过程中采用小型混凝土预制块进行巷道的衬砌。1957 年，在北京市的下水道工程建设中，建设者们也采用了小断面盾构施工方法，盾构断面直径分别为 2.0 米和 2.6 米。

20 世纪 60 年代初，上海隧道工程局开始试验含水软土地层的盾构施工技术。施工人员使用螺旋切削装置作为刀盘，盾构推力达到 19600 千牛。隧道采用钢筋混凝土管片进行衬砌，掘进总长度为 68 米，试验取得了圆满成功，积累了宝贵经验。

随后，在 1965 年 6 月，上海隧道工程局采用两台直径 5.8 米的网格挤压式盾构机进行地铁工程区间隧道施工，掘进总长度达到 1200 米。1966 年，上海打浦路越江公路隧道施工中采用了直径 10.2 米的网格挤压式盾构机，掘进总长度为 1322 米。

进入 20 世纪 70 年代，国外开始出现具有刀盘切削功能的新型盾构机。1985 年，上海引进了由日本川崎重工制造的一台直径 4.33 米的小刀盘土压平衡式盾构机，用于芙蓉江路排水隧道工程，掘进长度达 1500 米。这台盾构机具有机械化切削和螺旋机出土功能，为国内盾构机研制提供了启发。

1987 年 12 月，在消化吸收国外技术的基础上，上海隧道工程公司研制出了中国首台直径为 4.35 米的加泥式土压平衡盾构机，用于上海市南站过江电缆隧道的施工。这台盾构机穿越了黄浦江底层的砂质粉土，掘进长度达 583 米。经鉴定，其技术指标达到了 20 世纪 80 年代国际先进水平，因此获得了 1990 年国家科技进步一等奖。

进入 20 世纪 90 年代，中国各城市在地下隧道工程建设中广泛使用盾构施工方法。1990 年，上海地铁 1 号线工程使用了 7 台直径 6.34 米土压平衡盾构机，这 7 台盾构机由法国 FCB 公司与上海隧道工程公司、上海隧道工程设计院、上海沪东造船厂联合制造。1996 年，广州地铁 1 号线区间隧道由日本青木公司建设施工，采用了 2 台直径 6.14 米泥水加压平衡盾构机和 1 台直径 6.14 米土压平衡盾构机。

"京华号"盾构机在地下穿行示意图

在这一阶段，中国软土地层隧道工程使用的盾构机或直接从国外引进，或采用引进技术自行制造，尚未掌握自主知识产权。

工程技术人员在开展这些盾构施工的过程中，不断积累经验，为研制开发中国自己的盾构机打下了坚实基础。

四、TBM 法在中国

1. 硬岩隧道施工的发展

与软土地层隧道施工相比，岩石地带的隧道施工无疑是更大的挑战。软土隧道主要集中于城市，包括城市地铁隧道、过江隧道或市政隧道；而岩石隧道主要是铁路、公路隧道，以及跨流域调水的大型水利工程隧道。

中国早期的铁路隧道建设，基本是手工作业，即由施工人员用铁锤和钢钎破碎岩石，实现掘进。随着工程机械技术的发展，隧道建设中广泛引入了钻爆法，减轻了施工人员的劳动强度。20 世纪 70 年代以后，中国的铁路隧道建设中，广泛采用凿岩台车进行岩石开凿，采用铲车进行装碴作业，采用机车牵引的矿车进行碴石运输，此外还采用了机械化的混凝土搅拌装置和喷射装置完成巷道衬砌。

20 世纪 80 年代初，国家开展京广铁路衡阳至广州段的复线化改造，需要开凿长达 14.3 千米的大瑶山隧道。这是当时我国的第一长隧道，面临着许多施工上的新难题。为了完成这一艰巨工程，同时也为了提高我国的隧道施工能力，国家使用 40 亿日元外汇，引进了 30 余种机型的隧道施工机械，形成三条机械化作业线，分别为：

破岩作业线：四臂全液压凿岩台车、二臂作业台车；

装运作业线：轮式装载机、自卸汽车、反铲式挖掘机；

支护作业线：锚杆台车、喷射机械手、喷射三联机、台架、混凝土搅拌站、混凝土输送车、混凝土泵、模板台车。

大瑶山隧道平面示意图

图例：
- 已修铁路
- 计划修铁路
- 河流
- 水库

京广铁路

武水河

北京

广州

大瑶山隧道
（14.3km）

大瑶山隧道的机械化施工，为后续的铁路隧道施工提供了典范，也为中国工程机械发展提供了方向。例如，在大瑶山隧道施工中采用的美国卡特彼勒 966D 型装载机，在几年后成为中国技术引进的机型。柳州工程机械厂在消化吸收这款机型技术的基础上，推出了持续热销 30 年的 ZL50C 型轮式装载机，这便是后话了。

2. 对 TBM 技术的探索

20 世纪 60 年代初，TBM 技术在国外得到迅速发展，国内工程技术界关注到这一趋势，在老一辈革命家的关怀下，国家科委成立了全断面岩石隧道掘进机攻关小组，这是我国对 TBM 技术的最早探索。

1964 年，水电部上海水电勘测设计院等单位联合设计了直径 3.4 米的 TBM。1966 年，水电部上海水工机械厂制造出了 SJ34 型 TBM，直径 3.4 米，先后用于杭州等地的人防工事修筑。至 20 世纪 70 年代初，上海水工机械厂陆续推出了直径 5.5 米、5.8 米和 6.8 米的多款 TBM，并进行应用实践，前后生产了 50 余台。

1969 年，广州市机电工业局在水电部上海水电勘测设计院的技术支持下，组织广州地区的 30 余家工厂设计试制了一台直径 4 米的硬岩掘进机。在此基础上，1970 年又试制出直径 2.5 米的掘进机，到 1972 年底共生产了 7 台，分别应用于广西、贵州、北京、湖南等地的铁路和军工隧道建设，掘进总长度在 30 米至 250 米不等。

2022 年 9 月 11 日，广东乐昌，列车驶出京广线大瑶山隧道南口

在这一时期，由于受到国外技术封锁等原因，我国自行研制的 TBM 存在掘进速度慢、故障率高、可靠性差等缺陷，实用价值不高。如广州市机电工业局生产的 2.5 米直径隧道掘进机在湘黔铁路贵州段老罗寨隧道导坑施工中，总工作时间 109 天，实际掘进时间只有 31 天，其间出现了刀头损坏、机头下沉、主机皮带机故障、误掘右偏等问题，而其中又以刀具质量问题最为严重。据生产单位自己的总结，在刀具受力、刀体结构、刀具材料、热处理工艺等方面都存在技术难关，且刀具造价偏高，缺乏实用性。

20 世纪 70 年代中期，中国掘进机研制再次起步，由国家科委牵头，成立了全国掘进机研制领导小组和相应的办公室。在充分汲取此前经验教训的基础上，参考国外技术，研制小组先后推出了一批技术大为改善的掘进机，应用于引深入津隧洞掘进及江西萍乡、河北迁西、山西怀仁等地的煤矿掘进，取得了平均月进尺近 100 米的成绩。

2014 年 12 月 27 日，国产首台大直径全断面硬岩隧道掘进机（敞开式 TBM）在长沙下线

进入 20 世纪 80 年代中期，通过技术攻关，我国在 TBM 关键零件的制造上取得了一定突破，主要在于掘进机轴承和刀具方面，使用寿命大为延长。在此基础上，先后研制出一批直径在 3.2 米至 5 米之间的硬岩掘进机，分别应用于云南羊场煤矿、贵州南山煤矿、北京十三陵抽水蓄能电站、山西东曲煤矿、福建龙门滩水库等场所。

这一阶段的掘进机研制，取得了一定成绩，但与国外先进技术相比，还有很大差距，主要表现在设计制造周期长、掘进速度慢、复杂地层适应性差、使用寿命短等方面，尚无法达到成功应用的水平。

3. 与国外 TBM 的接触

除了自行研制的掘进机之外，20 世纪 80 年代中期，我国在天生桥水电站引水隧洞的施工中，还采用了两台从美国引进的二手全断面硬岩掘进机。这两台直径 10.8 米的掘进机分别于 1985 年 3 月和 1988 年 7 月投入运行，至 1992 年 6 月合计完成掘进 7492 米。这两台进口掘进机的使用，让中国工程技术人员开拓了视野，但同时，由于它们的技术年代较早，均为 20 世纪 60 年代末设计定型，存在着较多技术上的不足，在现场发挥的作用未能达到预期。

中国工程技术人员与世界先进水平全断面掘进机的第一次亲密接触，是在 20 世纪 90 年代初甘肃省引大入秦工程。该工程的 30A 隧洞长 11.649 公里，由于开掘难度大，国内缺乏施工能力，经国际招标由意大利 CMC 公司和中国华水公司联营体中标承建。

1990 年 12 月，隧洞施工开始，CMC 公司使用了一台美国罗宾斯工厂生产的 180 型双护盾全断面掘进机，能够同时完成开挖、出碴、衬砌、灌浆、延伸风管线路等工序。工程历时 13 个月，于 1992 年 1 月完工，比原计划提前了 5 个月，平均月成洞 970 米，最高日成洞进尺 65.6 米，震惊了国人。

随后，在山西万家寨引黄工程中，先后使用了 6 台进口掘进机，完成总掘进 125 公里，时间跨度从 1993 年至 2001 年。其中，工程南干线的 4、5、6、7 号隧洞全长约 90 公里，由意大利 Impregilo 公司、CMC 公司和中国水电四局组成的联营体中标承建，使用了 4 台全断面双护盾 TBM，历时 3 年 8 个月贯通。在此过程中，中国工程技术人员对 TBM 的应用有了更深刻的认识。

1995 年开工建设的西安至安康铁路秦岭隧道 I 线全长 18.460 公里，II 线全长 18.456 公里，曾是我国最长的铁路隧道。在秦岭隧道建设中，我国铁路建设部门首次使用了 TBM 技术，引进了两台德国 WIRTH 公司的 8.8 米直径全断面敞开式掘进机，进行 I 线隧道的施工。其中，铁道部隧道局负责西安端施工，铁道部十八局负责安康端施工。

在建设过程中，施工单位遇到了掘进速度不理想、刀具消耗大、破碎围岩支护困难、备用件供应不及时、机械和电气系统故障等问题，也发现了操作与管理方面的短板。

秦岭隧道工程的 TBM 应用，让中国铁路施工部门认识到了 TBM 的价值。

秦岭隧道在加紧建设中

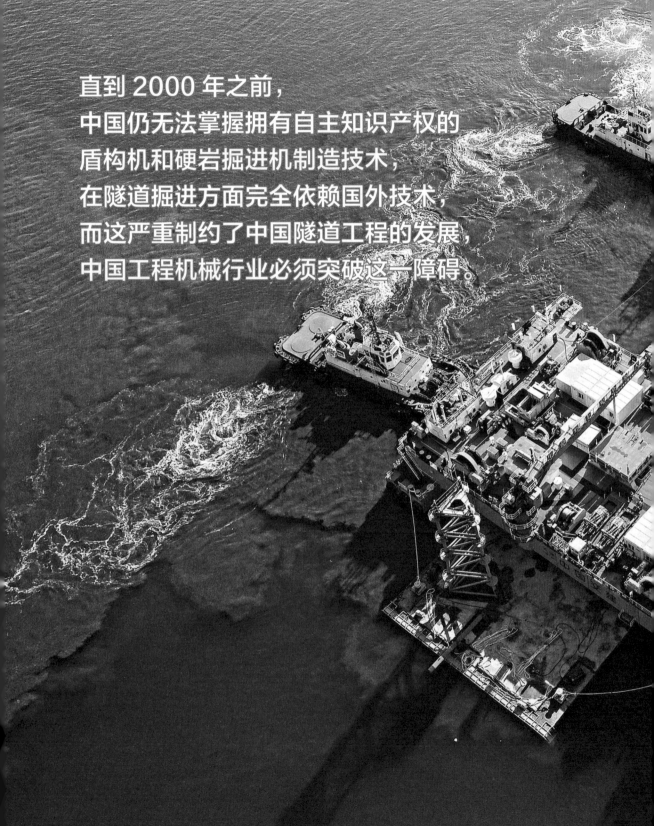

直到 2000 年之前，
中国仍无法掌握拥有自主知识产权的
盾构机和硬岩掘进机制造技术，
在隧道掘进方面完全依赖国外技术，
而这严重制约了中国隧道工程的发展，
中国工程机械行业必须突破这一障碍。

2020 年 12 月 8 日，我国北方首条大型跨海沉管隧道
集群工程——大连湾海底隧道首节沉管施工现场

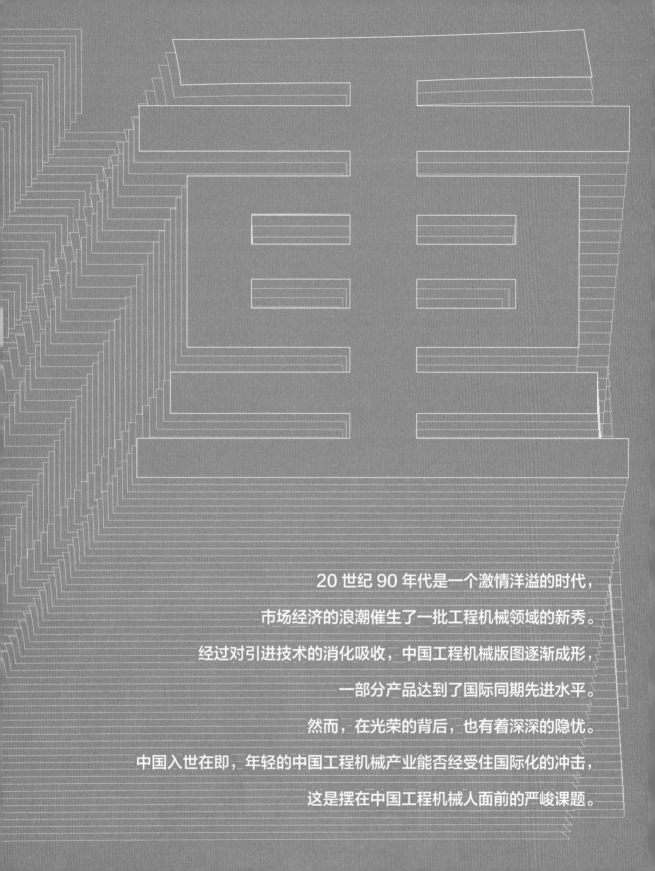

20 世纪 90 年代是一个激情洋溢的时代，

市场经济的浪潮催生了一批工程机械领域的新秀。

经过对引进技术的消化吸收，中国工程机械版图逐渐成形，

一部分产品达到了国际同期先进水平。

然而，在光荣的背后，也有着深深的隐忧。

中国入世在即，年轻的中国工程机械产业能否经受住国际化的冲击，

这是摆在中国工程机械人面前的严峻课题。

一、行业新秀

进入 20 世纪 90 年代，随着邓小平同志南方谈话的发表以及党的十四大正式确定建立社会主义市场经济体制的改革目标，中国经济迎来了新一轮高速增长，中国的工程机械产业也焕发出了新的活力。

这一时期中国工程机械产业的最大亮点，莫过于一大批新兴工程机械企业的横空出世。这批由市场经济体制催生的新企业，有着强烈的竞争意识，从建立之初便瞄准了国际技术前沿，以走向世界为己任。这些企业的出现，使中国工程机械产业的格局焕然一新。

1. 中联重科：系出名门

1992 年，一家名叫中联建设机械产业公司的企业在长沙问世。相比老牌工程机械企业动辄数千万、上亿的资产规模，这家依靠区区 50 万元借款建立起来的小企业似乎微不足道。然而，真正有眼光的业内人士却不敢小觑这个"粉嫩新人"，因为它脱胎于中国建筑工程行业最资深的国家级研究机构——长沙建设机械研究院。

1992 年 9 月 28 日，中联重科的前身——长沙高新技术产业开发区中联建设机械产业公司正式挂牌成立

在计划经济年代，长沙建机院是国内两大工程机械研究机构之一，在起重机械、混凝土机械、桩工机械等方面均有深厚的积累，创造过工程机械领域的多项"第一"。面对市场经济浪潮的冲击，长沙建机院受管理体制的局限，开始显露出颓势。它徒有全国领先的技术优势，坐拥多项发明专利，却无法转化为经济实力，研究院的经营日益陷入困境。

面对此情此景，1992年，时任长沙建机院副院长的詹纯新带领7名技术人员，借款50万元，成立了中联公司，作为长沙建机院技术转化的平台。次年，中联公司便研制生产出了中国第一代独立研发的混凝土输送泵，打破了该项产品长期依赖进口和仿制的局面。

1994年，中联公司开发出了第二代混凝土输送泵产品，在国内市场供不应求，公司进入了高速发展的轨道。从1993年至2001年，公司产值年均增长63%，利润年均增长75%。至2001年，公司实现净利润突破亿元。

1999年8月，长沙中联重工科技发展股份有限公司成立，这便是今天人们耳熟能详的中联重科。2021年，英国KHL公司发布的全球工程机械50强"黄表"中，中联重科以年销售额94.49亿美元的成绩位列第五。

中联公司制造的第一台混凝土泵

2. 三一重工：乳虎啸谷

1986 年，在改革开放的大潮中，湖南省涟源市，一位名叫梁稳根的工程师与另外三名同事唐修国、袁金华、毛中吾辞去了国企的"铁饭碗"工作，创建了一家专门生产特种焊接材料的小厂子——涟源茅塘焊接材料厂。三年后，小厂迁出茅塘乡，来到涟源市区，成立了涟源焊接材料总厂。

1991 年，涟源焊接材料总厂更名为湖南三一集团有限公司，工程机械专业出身的向文波加盟三一，成为公司的第五位联合创始人。"三一"的得名，源于"创建一流企业，造就一流人才，做出一流贡献"的企业愿景。此后，中国工程机械领域便有了"三一重工"这样一个响亮的名号。

三一重工最早进入工程机械产业，瞄准的是混凝土泵送机械。1994 年，三一重工研制出第一台大排量、高压力混凝土拖泵。针对拖泵核心部件集流阀组的制造长期被国外企业垄断的状况，三一重工从北京机械工业自动化研究所请来专家易小刚担任集团总工程师，用几个月的时间设计出了拥有自主知识产权的集流阀组，这是三一重工的第一项专利技术。

在随后的几年中，三一重工先后推出超高压混凝土拖泵、超长臂架混凝土泵车等核心产品。其中，37 米混凝土泵车的研制成功，打破了国内此级别长臂架泵车只能依靠进口的局面。

1999 年深圳赛格广场工程，对三一重工来说，是一次"成人礼"。赛格广场高 356 米，其中混凝土施工的高度为 300.8 米。在此之前，国内没有能够将混凝土泵送至 300 米以上高度的设备，项目业主方打算引进国际上最具盛名的德国老牌混凝土泵厂商的设备来完成这一工作。三一重工得到消息后，主动请缨，接下了这个具有挑战性的任务。1999 年 4 月 16 日，三一重工混凝土泵成功地将 24300 立方米混凝土泵送到了 300.8 米的高度，创造了这一项目新的中国纪录。

在此值得一提的是，项目业主方原本打算聘请的国际知名厂商名叫普茨迈斯特，13 年后，这家企业被三一重工合资收购。

至 20 世纪 90 年代末，三一重工先后开发了混凝土拖泵、混凝土泵车、混凝土搅拌运输车、多功能立体停车库、压路机、推土机、装载机、摊铺机等多种工程机械产品。1999 年，三一重工实现销售收入 5.5 亿元，实现出口 41.69 万美元，进入了中国百强民营企业之列。

三一重工混凝土泵车

3. 山河智能：儒商本色

成立于 1999 年的山河智能公司，有着一个与其他企业不同的特点：在这家公司里，员工们都亲切地称董事长何清华为"何老师"。

出生于 1946 年的何清华有着传奇般的经历，他插过队，当过工人，1980 年，他凭借自学的知识考取了中南矿冶学院机械专业的研究生。1984 年，何清华留校任教，经历两轮破格晋升，于 1991 年成为中南工业大学机械系教授。

1999 年，何清华与中南工业大学的其他几名教师贷款 50 万元，租赁了几间旧厂房，成立了一家小型公司，取名为长沙山河工程机械有限公司，其最初的产品是何清华的发明专利——静力压桩机。

在此之前，何清华发明的静力压桩机曾授权给几家工程机械企业使用，然而在长达 7 年的授权期内，这几家企业总共未能销售出超过 10 台设备。山河公司成立后，仅一个月时间就生产了四台压桩机，在随后 3 年中销售接近百台。

1999 年底，创办不到半年时间的山河公司完成工业产值 726 万元。2000 年，山河公司成为国家"863 计划"智能机器人主题产业化基地，全年实现产值 2700 万元，利税 780 万元。

2001 年，山河公司改名为湖南山河智能机械股份有限公司。2002 年，山河智能企业经营实现了"三个过亿"，即产值、销售、回款均超过 1 亿元。

二、版图渐成

工程机械 20 世纪 80 年代的技术引进，在 90 年代开始结出累累硕果，许多领域出现了明显的进步，其中又以起重机械和混凝土机械的成就最为抢眼。此外，在铲运机械、筑养路机械、桩工机械、高空作业机械等方面，中国的表现也可圈可点。

各类起重机械

1. 起重机械

　　中国制造塔式起重机的历史可以追溯到 20 世纪 50 年代，但在很长一段时间内，中国的塔机技术进展缓慢，难以适应工程建设的需要。80 年代，中国先后从法国波坦公司和联邦德国利勃海尔公司引进了塔机技术，经过几年的消化吸收，形成了自主设计和制造高水平塔机的能力。

进入 20 世纪 90 年代，中国塔机产业得到迅速发展。据统计，自 1992 年之后，中国塔机年出口量超过了进口量。至 1999 年，全国塔机生产企业已经有 300 多家，年产塔机上万台，相当于 1978 年的 20 倍以上。

除塔式起重机之外，汽车起重机、履带式起重机、轮胎式起重机、卷扬机、施工升降机等工程起重机产品也得到了长足的发展。至 1999 年，中国能够生产的工程起重机械已有 70 余个规格，上百个型号，涵盖了各种不同的施工场景。徐州重型机械厂、湖南浦沅集团、北京起重机器厂、锦州重型机械公司等企业 1999 年工业产值均超过 1 亿元，工程起重机行业 17 家主要企业年生产起重机 4000 台。

2. 混凝土机械

混凝土机械的发展，与中联重科和三一重工两家企业的成立不无关系。这两家企业进入工程机械产业时，不约而同地选择了混凝土输送泵作为起点，并倾注了全力开展技术研发。中联重科依托长沙建机院的强大技术实力，不断推出新产品。三一重工建立了 200 多人的研究院，在国内计算机应用尚不普及的情况下，全面推行了 CAD 三维设计，每年的研发投入占公司销售收入的 8%。

各类混凝土机械

除了在技术上不断赶超之外，中联重科和三一重工还非常注重产品服务，将其作为与国外厂商开展市场竞争的重要一环。中联重科提出了三个"24 小时承诺制"，即针对销售服务，承诺 24 小时赶到用户所在地、24 小时内解决问题、24 小时全天候服务。三一重工提出了主动式服务理念，将当时国内一些企业已经提出的"只要您一个电话"的服务口号，改为"无需等您来电，一切已在进行中"的新口号。

到 20 世纪 90 年代末，国内包括搅拌机械、振动机械、输送机械、制品机械、成型养护机械在内的各种混凝土机械已经达到了系列化、成套化的要求。中国的混凝土搅拌机、混凝土泵车等研发起点高，普遍采用了液压传动、计算机控制等先进技术，具备了与国际老牌企业同台竞技的能力。

3. 铲土运输机械

铲土运输机械中的装载机是国内工程机械中少有的几个优势产品之一，长期保持着全行业赢利的局面。在中小型产品中，国产装载机占据了国内市场的绝大部分份额。

至 1999 年，国内共有装载机生产企业约 80 家，生产和销售 25 种规格数十个型号的装载机，年产量 18700 余台。其中，柳州工程机械集团公司年产量超过 2000 台，厦门厦工工程机械股份公司、山东工程机械厂、徐州装载机厂、福建龙岩工程机械厂、常林股份有限公司、成都工程机械（集团）有限公司、临沂工程机械股份公司年产量都超过 1000 台。

各类铲土运输机械

推土机方面，国内先后引进了 10 个系列 16 种基本机型的产品，使国内推土机制造企业接触到了国外先进的技术和崭新的专业标准，在制造技术、工艺手段、材料品种、检测手段、质量管理等方面都有了长足进步，并促进了国内专业零部件配套厂家和新材料研发基地的建设。至 20 世纪 90 年代末，国内推土机年产量约 3500 台，国产推土机的市场占有率达到 91%，一些引进国外技术的产品国产化率已超过 90%。

1980 年由济宁机器厂、济宁通用机械厂和济宁动力机械厂合并成立的山东推土机总厂，是 20 世纪 80 年代以来中国推土机产业发展的领头羊。1981 年 3 月，山推消化日本小松技术，成功试制我国第一台 180 马力以上大马力推土机 TY220，随即投入量产。1990 年，山推牌 TY220 推土机获得行业唯一国优金质奖。至 1998 年底，山推累计生产 TY220 型推土机 5000 台。

4. 桩工机械

所谓桩工机械，是一类用于建造建筑物基础的工程机械的统称。传统的建筑物建造，需要先开挖基坑或者基槽，在地下建设好基础之后，再修建上层建筑。桩工机械则是在不开挖基坑或者基槽的前提下，通过打桩的方法来建设基础。

中国古代就已经掌握了用人工锤打法沉桩的技术，用于加固软弱土层，其中使用的基础桩包括木桩和条石桩。20 世纪初，中国从西方国家引进了蒸汽打桩机，用于基础桩建设。新中国成立后，中国首先通过测仿方法，掌握了 3 吨至 10 吨蒸汽打桩机以及苏式 BII 系列振动桩锤的制造技术。随后，又先后开发了筒式柴油打桩锤、轨道式三支点打桩架、静力压桩机、长螺旋钻孔机等桩工机械。

20 世纪 80 年代，中国从日本、联邦德国、意大利等国家引进了多种桩工机械技术，随后进入了自主成套开发研制阶段。20 世纪 90 年代是中国桩工机械高速发展的时期，全国形成专业制造厂 30 余家，能够生产 400 多种型号的桩工机械产品，年销售收入超过 6 亿元。

各类桩工机械

5. 高空作业机械

　　建筑装修机械一向是中国工程机械的薄弱板块。高空作业机械方面，中国直到 20 世纪 70 年代才开始涉足，从文献中能够查到的最早记录是 20 世纪 80 年代抚顺市起重机总厂、武汉起重机厂、杭州园林机械厂等企业基于起重设备制造经验而开发的高空作业车和登高平台消防车。这些产品普遍存在的问题是技术含量较低、结构笨重、作业微动性能差等，与国际先进水平有明显的差距。

　　进入 20 世纪 90 年代，中国高空作业机械开始迅速发展，新产品不断出现。北京起重机器厂先后开发了车载剪叉式平台、剪叉自行式平台、折臂式平台、单桅柱铝合金平台、手动铝合金桅柱平台等近 10 个品种 30 多种规格的产品。杭州赛奇工程机械厂开发了单桅柱、双桅柱、多桅柱铝合金平台，其中仅多桅柱平台就有 10 米至 22 米的 7 种规格。至 2000 年，国内高空作业机械生产企业有 40 余家，年产值 9 亿余元，生产各类高空作业平台 4761 台、各类高空作业车 671 台。

各类高空作业机械

三、技术变革

20世纪90年代中国工程机械的进步，还表现在新技术与新工艺的应用方面，这是保证中国工程机械产业能够持续发展的基础。

1. 液压技术

20世纪60年代，中国开始摸索液压技术在工程机械中的应用。到20世纪末，中国生产的大型土方机械已经基本实现了液压化或液力化。资料显示，到2000年，中国4立方米以下的挖掘机系列已经全部实现了液压传动，装载机在0.8吨到10吨的范围内均采用了液压传动或者液力机械传动，汽车式起重机和履带式起重机从3吨到160吨的20余个规格采用了液压传动。

在液压系统中，更为先进的高压变量系统已经基本取代了中低压定量系统，使液压系统的功率利用效率得到明显提高，调速性能也得到了有效改善。

此外，液压技术还产生了外溢效应，许多工程机械不但工作系统实现了液压化，操纵控制方面也采取了液压助力、液压先导操纵控制等，降低了操作人员的劳动强度，也使操纵性能得到了提升。

2. 新材料

低合金高强度钢材、粉末冶金材料、工程塑料、等离子喷涂等一大批新材料和新工艺的广泛应用，全面提高了工程机械的性能。

液压挖掘机的工作环境恶劣，对材料的要求极高。其中，用于制造挖掘机外壳和支臂等部件的钢材要求强度高、韧性好、耐冲击，对于在北方或高原地区使用的挖掘机，还要增加抗低温等性能。由于冶金技术的落后，中国的液压挖掘机制造很长时间依赖进口钢材，需要引进德国的 Q36 和 QSTE380TM 等材料。1991 年 6 月，上海上钢三厂自行研制的 12MnTiNb 钢板通过了技术鉴定，机械强度、低温冲击性能、冷弯性能等指标超过了德国 QSTE380TM 的实物水平，能够在引进的 R942、R922 型液压挖掘机上使用，可替代进口材料，用于制造挖掘机的结构件。

工程机械经常在坚硬的石砾地带工作，这决定了工程机械使用的履带板需要有很高的强度以及韧性、耐磨性。我国传统上使用 40SiMn2 钢制造工程机械履带板，这种钢材具有较好的耐磨性，但韧性不足，在使用中容易出现裂纹并导致崩块。在引进技术的基础上，我国开发了 30MnTiB 和 35MnTiB 钢，通过在锰钢中加入硼以提高钢材的淬透性，加入钛以细化晶粒，从而提高了钢材的韧性。

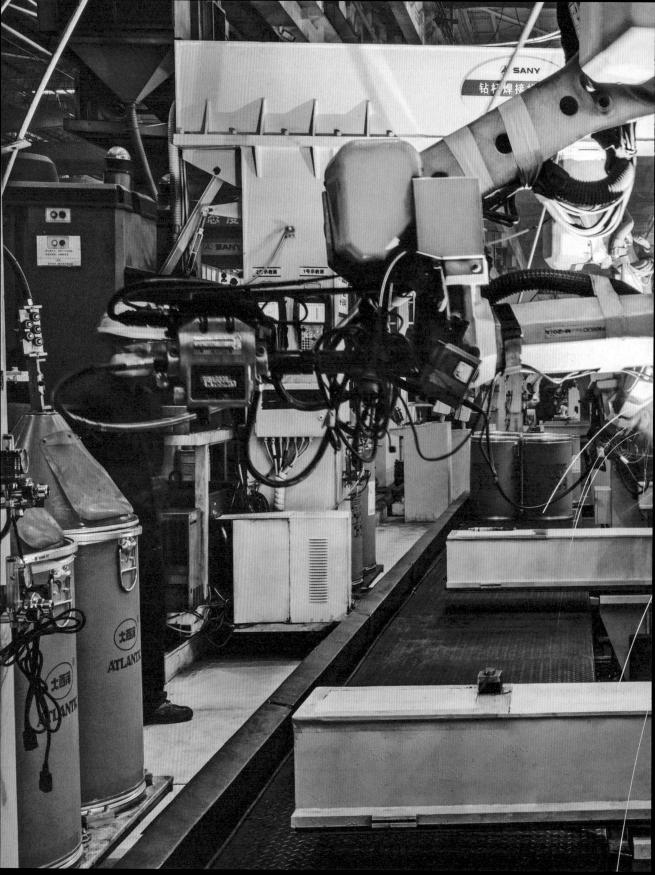

工程机械制造车间

3. 现代设计技术

现代设计技术的推广,使工程机械的设计水平不断提高,大量新设计得到应用,中国的工程机械有了更大的竞争力。

液压挖掘机方面,反铲式挖掘结构被普遍采用,这一结构能够使挖掘作业的深度加大,挖掘机铲斗斗齿切削土壤的能力增强。单排球式、双排球式回转支承的应用,使挖掘机、起重机的回转机构变得更加紧凑,回转阻力减少,机械效率得到有效提高。此外,还有箱形断面、多节伸缩式吊臂在汽车起重机中的应用,铰接式车架在装载机、压路机上的应用,计算机控制技术在混凝土搅拌机械中的应用,等等,都使国产工程机械出现了脱胎换骨般的进步,能够以全新的面貌迎接新的世纪。

2020 年 11 月 25 日,2020 上海宝马工程机械展,大连光扬轴承制造有限公司轴承产品

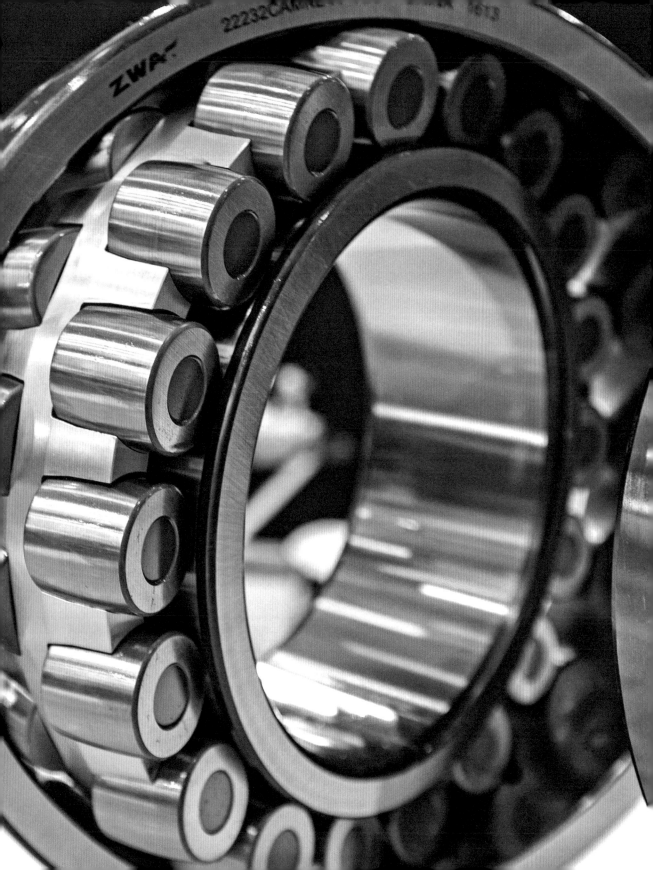

四、光荣与忧患

站在新世纪的门槛上，中国工程机械产业的确拥有骄傲的资本。

截至 1999 年末，中国工程机械行业拥有大约 1000 家企业，职工总数达 40 万人，固定资产原值 220 亿元，工业总产值 350 亿元左右。其中，年销售额超过 1 亿元的企业有 65 家。

经过 20 年的技术引进与消化吸收，中国工程机械行业的产品已经形成 280 多个系列，1700 多个品种，4000 多个规格。全国年产推土机、装载机、铲运机、平地机等 3 万多台，挖掘机 6000 台，工程起重机（含塔吊）1 万多台，压路机、内燃电动叉车、混凝土机械、凿岩机械及气动工具、道路工程机械（含养护机械）等产品的年产量在数千台至数十万台不等。

综合产品品种、生产规模、生产设备、科技创新等因素，中国的工程机械水平位于美、日、德、英、法、意等六个国家之后，是全球第七大工程机械生产国。而中国的工程机械产业形成仅仅不到 50 年时间，能够取得这样的成就，是值得骄傲的。

然而，在辉煌的成就背后，也埋藏着深深的隐忧。2001 年，中国加入世界贸易组织，国门进一步开放，原有对幼稚产业的保护政策面临着取消，大批国外工程机械巨头蜂拥而至，年轻的中国工程机械产业即将迎来严酷的国际竞争。

与国外工程机械厂商相比，中国工程机械企业的最大问题在于底子薄、规模小。1996 年，中国工程机械行业国内销售额为 205 亿元人民币，而同期美国卡特彼勒公司的销售额为 165 亿美元，约合 1371 亿元人民币，一家企业的销售额便达到中国全行业总和的近 7 倍。日本小松公司年销售额 95 亿美元，约合 789 亿元人民币，为中国全行业总和的近 4 倍。

此外，虽然经过了 20 年的技术引进，中国工程机械产业与国外同行的技术差距仍然存在，在有些产品门类上的差距还十分明显。

在产品结构上，国内具有高科技含量的大型施工机械及施工技术还有很大的欠缺。在产品设计方面，尽管有了长足的进步，但仍显薄弱，尤其是机、电、液一体化等先进技术的应用还处于起步阶段。在产品质量上，资料显示，20 世纪 90 年代，中国工程机械产品的平均无故障工作时间为 250 至 300 小时，而国际巨头卡特彼勒的产品为 500 至 600 小时，中国工程机械产品的第一次大修期为 5000 至 6000 小时，卡特彼勒则为 10000 至 12000 小时。

在工程机械的各个门类中，挖掘机是最大的短板。挖掘机制造中的三大关键技术——液压件、发动机和机电一体化模块，中国都处于较为落后的境地。要制造具有国际竞争力的挖掘机，核心零部件将不得不完全依赖国外。

落日余晖中的三一重工混凝土泵车

带着光荣与忧患，
中国工程机械产业走进了 21 世纪。
在那个时间节点上，
没有人能够想象到，
这样一支年轻的"军团"，
在未来的 20 年中，
将会创造出什么样的辉煌。

第六章

挖掘机保卫战

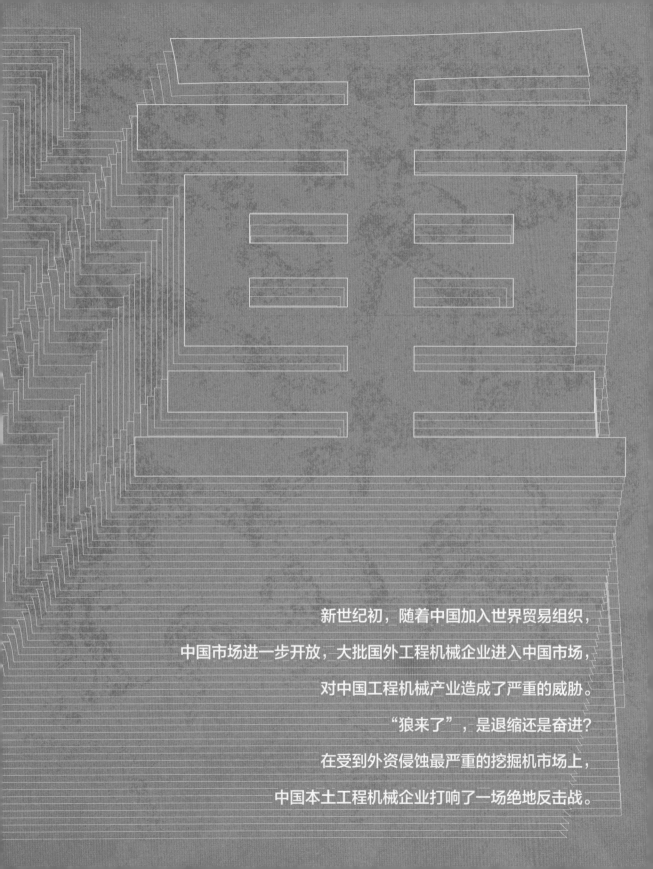

新世纪初，随着中国加入世界贸易组织，

中国市场进一步开放，大批国外工程机械企业进入中国市场，

对中国工程机械产业造成了严重的威胁。

"狼来了"，是退缩还是奋进？

在受到外资侵蚀最严重的挖掘机市场上，

中国本土工程机械企业打响了一场绝地反击战。

2020 年 7 月 18 日，三一重机
上海临港产业园内，新出厂的
挖掘机排列整齐，整装待发

一、"狼来了"

新世纪之初，对于中国本土工程机械企业来说，充满着机遇与挑战。一方面，由于国内基本建设规模不断扩大，工程机械产业的发展迎来了一个最好的时期。另一方面，同样是看到了中国工程机械市场的巨大潜力，国际工程机械巨头纷纷进入中国，采取独立投资、合资、并购等方式，抢占中国市场，意欲彻底扼杀年轻的中国工程机械产业，以便独享中国工程建设发展的红利。

从 20 世纪 90 年代开始，国外工程机械企业加大了在中国投资建厂的规模。统计资料显示，1981 年至 1991 年间，中国工程机械行业利用外资项目共 7 项，协议外资金额 2261 万美元。而在 1992 年至 1995 年间，中国工程机械行业利用外资项目达到 158 项，协议外资金额 4.5 亿美元。

美国卡特彼勒挖掘机

美国卡特彼勒公司是全球最大的工程机械和矿山设备生产企业，早在 20 世纪 70 年代初，卡特彼勒的产品便进入了中国市场。90 年代，卡特彼勒在中国建立了控股公司——卡特彼勒（中国）投资有限公司，作为其在中国市场开展业务的平台。随后，卡特彼勒与徐州工程机械集团合资建立了卡特彼勒（徐州）有限公司，与日本伊滕忠公司和日本 SNT 公司联合投资在天津建立了亚实履带（天津）有限公司，与中国中信机电制造公司合资建立了山西国际铸造有限公司。此外，卡特彼勒的两家全资子公司还分别与天津动力机厂和广州柴油机厂合资建立了帕金斯发动机天津有限公司和广州马克柴油机公司。

与卡特彼勒一样在中国建立独资或合资企业的国际工程机械企业还有美国雷特克斯、凯斯、约翰迪尔、海斯特、马尼托瓦克，日本小松、日立建机、多田野、神钢，韩国现代、斗山，德国利勃海尔、罗特艾德、采埃孚、林德、阿迈、普茨迈斯特，意大利卡拉罗、仕高玛，瑞典阿特拉斯、沃尔沃等。

日本小松挖掘机

大批国外企业的进入，带来了先进的生产技术与经营理念，但同时也对中国本土工程机械企业构成了巨大威胁，不少产品类别的市场份额被这些国际巨头鲸吞蚕食，其中形势最为严峻的，便是工程机械市场中产值最大与制造难度最大的挖掘机领域。在业内人士的回忆文章中，20 世纪 90 年代后期至 21 世纪前几年被称为中国本土挖掘机产业的"至暗时刻"。

受国外挖掘机企业大批进入中国市场以及国外二手挖掘机进口两方面的影响，20 世纪 90 年代中后期，中国本土挖掘机企业的经营出现了严重困难，几家此前在国内市场上叱咤风云的主要挖掘机企业或陷入停产危机或被外资收购。

江苏连云港，码头大批日立挖掘机准备装船

1999 年，国内纳入统计的挖掘机制造企业有 24 家，共生产挖掘机械 6110 台，其中 5 家合资企业生产 3199 台，2 家外商独资企业生产 2297 台，另外 17 家本土企业总计只生产了 614 台，约相当于总产量的 10.05%。到 2000 年，情况进一步恶化，中国挖掘机市场 95% 的份额被外商独资企业及合资企业占据，本土品牌仅仅拥有 5% 的空间。

是彻底放弃，还是逆势崛起，这是摆在中国工程机械人面前的一个选择。

1996 年，陕西黄河工程机械厂出产的首台挖掘机

1999 年与 2000 年国内挖掘机企业生产份额占比情况

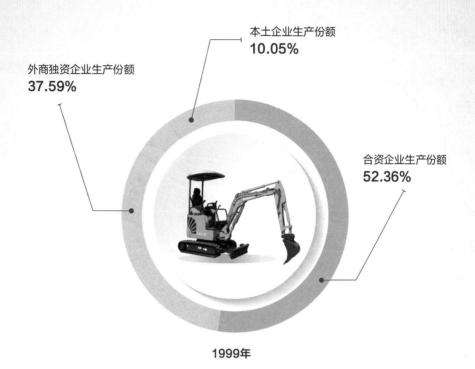

本土企业生产份额
10.05%

外商独资企业生产份额
37.59%

合资企业生产份额
52.36%

1999年

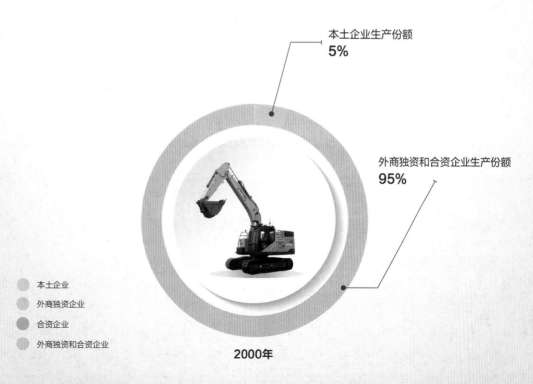

本土企业生产份额
5%

外商独资和合资企业生产份额
95%

本土企业

外商独资企业

合资企业

外商独资和合资企业

2000年

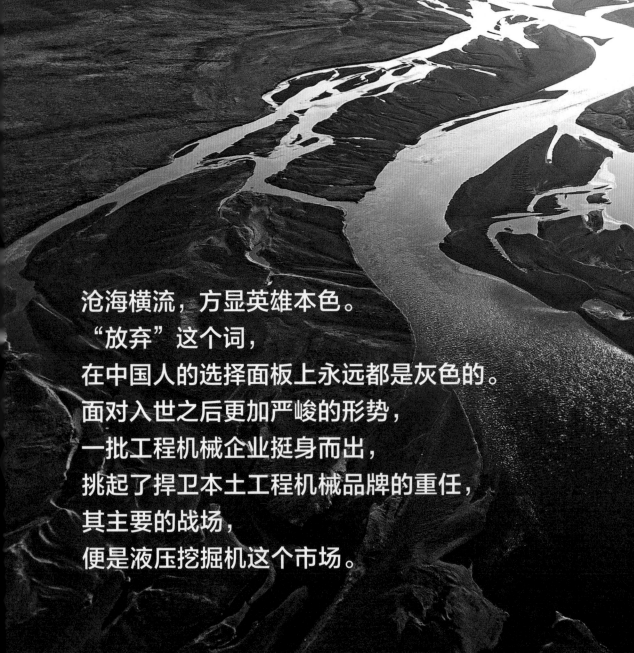

沧海横流，方显英雄本色。
"放弃"这个词，
在中国人的选择面板上永远都是灰色的。
面对入世之后更加严峻的形势，
一批工程机械企业挺身而出，
挑起了捍卫本土工程机械品牌的重任，
其主要的战场，
便是液压挖掘机这个市场。

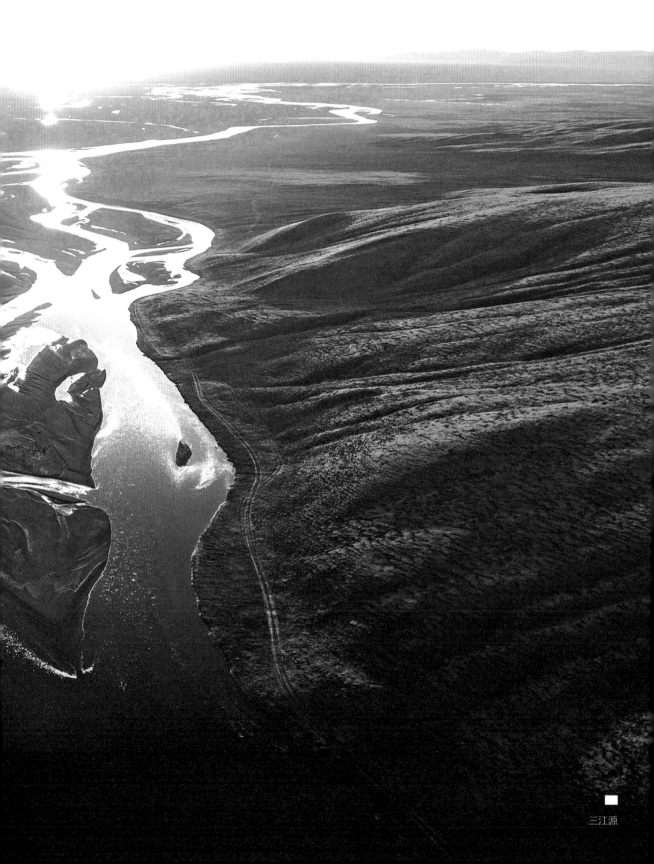

三江源

二、群雄并起

1. 玉柴：孤独的守望者

新世纪之初，在本土挖掘机市场几乎全部沦陷之际，有一家企业守住了最后的份额，这家企业名叫广西玉林玉柴工程机械有限责任公司。凭借在小型挖掘机市场上深耕多年的经验和技术积累，玉柴在这样一个细分领域中保持了本土品牌的存在。

挖掘机按照整机质量的不同，可以分为大型、中型、小型、微型等级别。关于什么是小型挖掘机，行业内的评价标准也不尽相同。中国工程机械工业协会的划分标准，是将整机质量大于 28.5 吨的划为大型挖掘机，在 18.5 吨至 28.5 吨之间的划为中型挖掘机，18.5 吨以下的为小型挖掘机。至于微型挖掘机，则是整机质量低于 6 吨的机型，属于小型挖掘机的一部分。除了这个标准之外，关于小型挖掘机还有 8 吨以下、13 吨以下等不同界定。

2000 年之前，中国挖掘机市场上是大中型挖掘机一统天下，小型挖掘机的份额很少。进入新世纪之后，随着城市建设工程中挖掘机的使用不断增加，小型挖掘机销量迎来了井喷式增长。

2000 年，中国市场小型挖掘机销量仅 300 台，而到 2003 年便有了 3000 余台。2004 年，小型挖掘机销量达到 6000 台，2005 年有约 12000 台，每年的增长速度均在 100% 左右。

小型挖掘机市场的高速发展，吸引了国外企业，日本日立、小松、石川岛、久保田，韩国大宇、现代，美国卡特彼勒等公司都在中国市场推出了小型挖掘机产品，意欲垄断这个新崛起的市场。

中国本土挖掘机企业意识到，小型挖掘机市场的兴起，或许是中国本土品牌挖掘机逆势成长的机会，必须紧紧地抓住。

与大中型挖掘机相比，小型挖掘机的技术门槛较低，适合技术实力不及国外厂商的中国本土企业进入。小型挖掘机的价格较低，购买小型挖掘机的用户多为小型民营企业或者个人，这些用户对于设备价格更为敏感，而中国企业恰好拥有成本上的优势。

早在 1989 年，玉柴的前身玉林柴油机厂便在天津工程机械研究所的帮助下，开发出了第一台 WY1.3 型小型挖掘机。该型挖掘机的斗容量为 0.04 立方米，整体质量仅 1.3 吨，与动辄数十吨的大中型挖掘机相比，显得极为"迷你"。

由于当时国内小型挖掘机市场尚未形成，玉柴在 1990 年生产的 167 台 WY1.3 型小型挖掘机全部用于出口。在随后的几年中，玉柴小型挖掘机基本以外销为主，在欧美市场上赢得良好的声誉。

2002 年，改制后的玉柴工程机械公司调整战略方向，由主打外销转为主营国内市场。凭借在小型挖掘机领域十余年的耕耘，玉柴的内销战略取得了巨大成功。当年，玉柴挖掘机销售 660 台，在国内品牌中排名第一，几乎相当于其他国内品牌销量的总和，公司全年销售收入突破亿元。

2004 年，玉柴斥资 8000 万元在广西陆川建设的工程机械生产基地落成，玉柴成为当时国内最大的小型挖掘机生产和出口基地。2006 年，玉柴进行增资扩股，美国汉鼎亚太公司出资 3.55 亿元换取玉柴 43% 的股权。这次增资，极大增强了玉柴的竞争实力。

从 2002 年至 2009 年，玉柴挖掘机年销售量从 660 台增长到 4464 台，年均增长 31%。玉柴的成功，极大地鼓舞了中国工程机械企业的信心，并使中国工程机械在这场看不见硝烟的战争中笑到了最后。

2021 年 3 月 16 日，宁夏银川，玉柴挖掘机正在作业，为即将栽种的葡萄苗开沟施肥

2. 三一重工: 志在江湖

1998 年, 面对国内市场本土品牌液压挖掘机近乎全线溃败的局面, 三一重工立志成为行业的逆行者, 开始着手研制全液压挖掘机。2000 年, 三一挖掘机研究所成立, 同年, 第一代 SY200 挖掘机问世。

由于在挖掘机市场上没有任何积累, 三一重工的挖掘机下线后, 长期无人问津。直到 2002 年, 公司才获得了一个机会, 在海南三亚的一个建设工地上开展挖掘机的工业试验。这次试验, 鼓舞了三一重工集团领导层的信心。次年, 三一重工集团决定成立三一重机公司, 专注挖掘机研制。

　　2003 年，首次亮相的三一重机实现挖掘机销售 216 台，而同年国内销量最高的是韩资企业大宇重工业（烟台）股份有限公司，其挖掘机销量达到 6116 台，三一重机只相当于对方的一个零头。

　　三一集团的领导层深知，工程机械的竞争重在规模，只有上规模才能真正获得竞争优势。从一开始，三一集团便把挖掘机年销售 1000 台作为一个门槛，提出了"千台生死线"的奋斗目标。

上图：三一挖掘机参与南海西沙群岛建设

左图：三一挖掘机在施工中

由于外资竞争对手的强大以及用户的习惯性思维，三一重机在挖掘机市场上的开拓步履维艰。2004 年，三一重机挖掘机销售 660 台，2005 年跌至 440 台，2006 年上升至 873 台，但仍然未能跨过"千台生死线"。

面对销售上的困难，不止一个人向三一集团董事长梁稳根建言，劝说三一放弃在挖掘机市场上的努力，而梁稳根却是咬定青山，矢志不移地支持三一重机在挖掘机市场上的开拓。

2005 年，三一重机自主研发的 C6 型挖掘机诞生，这是一款具有国际竞争力的国产挖掘机。2006 年，三一重机建成昆山基地，形成了年产 3000 台的产能。伴随着生产基地从长沙迁往昆山，三一重机瞄准日资企业小松公司，从新动力、新控制、新系统、新造型等方面进行突破，缩小与竞争对手的技术差距，也形成了强大的市场竞争力。

2007 年，三一挖掘机终于突破了"千台生死线"，当年销售 1853 台。次年，三一挖掘机销量增长 73.6%，达到 3217 台。2009 年，增长 89.2%，达到 6085 台。三一人相信，在前面，已经没有什么力量能够阻挡他们的脚步了。

3. 柳工：厚积薄发

与初生牛犊三一集团不同，成立于 1958 年的柳州工程机械制造厂是工程机械行业中一员沉稳的老将，擅长在纷乱的战场上发现战机。

柳工是我国生产装载机的骨干企业，最初从测绘仿制国外装载机开始，逐步走向自主设计研制。1983 年，全国轮式装载机总产量为 2540 台，其中柳工产量为 600 台，占据了近 1/4 的市场份额。

1991 年，面对国内本土挖掘机生产低迷的局面，柳工确立了进军挖掘机市场的目标。次年，柳工与天津工程机械研究所合作推出了 WY40 型挖掘机，从而获得了挖掘机市场的入场券。

整个 20 世纪 90 年代，中国的液压挖掘机市场并不景气，国产品牌表现不尽如人意。在当年极为流行的外资兼并潮中，先后有五家外资企业提出与柳工合资生产挖掘机产品，柳工出于保留"柳工"品牌的考虑，拒绝了这些外资企业的合资要求。

柳工在装载机制造上顺风顺水，但挖掘机的技术要求远高于装载机，这使得柳工的挖掘机之路显得极为艰难。曾经有外商在会议上当面建议柳工的领导放弃挖掘机制造，而柳工给出的答复是：我们宁愿少做一万台装载机，也要把挖掘机搞上去。

在挖掘机市场低迷的年代里，柳工如一头蛰伏的猛虎，默默地进行着技术积累。1998 年至 2002 年间，柳工先后完成了 WY30、WY22、WY06 等中型和小型挖掘机的研发，在许多技术方面取得了长足进展。

2001 年，柳工成立挖掘机分厂，次年改组为广西柳工机械股份有限公司挖掘机制造分公司。2003 年，柳工挖掘机分公司建成第一条挖掘机装配流水线。2004 年，柳工开发成功 C 系列挖掘机并实现量产。2006 年，柳州柳工挖掘机有限公司成立。

伴随着企业组织架构与技术的不断优化，柳工的挖掘机销量持续上升。2002 年，柳工挖掘机销量仅 118 台，次年增长至 259 台。在随后几年中，柳工挖掘机销量一年一个台阶，2006 年突破千台大关，2007 年突破 2000 台，2009 年突破 3000 台。

2021 年 4 月 26 日，广西柳工生产厂房内正在组装的挖掘机

4. 山河智能：技术为本

压桩机的生产与销售为山河智能积累了第一桶金，面对国产挖掘机全线溃败的局面，何清华决心要做出一个中国自己的挖掘机品牌。作为一名学者出身的企业家，何清华从一开始便将企业定位在中高端技术领域，走技术领先型的发展道路。

2001 年初，山河智能开始研制挖掘机，凭借在机电液集成技术方面的深厚积累，山河智能当年便推出了第一款小型液压挖掘机 SWE42，获得北京工程机械展造型与外观质量评比一等奖。

2002 年，山河智能在长沙经济技术开发区建立了占地面积 235 亩的山河智能产业园，形成了规模化生产小型挖掘机的能力。2003 年，山河智能获批国家"863计划"重大专项"挖掘机的机电一体化与制造信息化"项目，为挖掘机的研发插上了技术的翅膀。

价格是国产品牌挖掘机与外资品牌竞争的一大优势，但山河智能的领导层却认为，打价格战并不是最好的选择。何清华提出，山河智能绝对不做价格战的发起者，而是要用品质与服务来开拓和占领市场。

凭借以中南大学为基础的技术与人才优势，山河智能挖掘机拥有了独特的核心竞争力。从 2005 年至 2010 年，山河智能挖掘机的销量从 786 台增长到3922 台。

山河智能综合调试场

2021 年 11 月 8 日，辽宁沈阳，记者节当日，一名记者登上徐工挖掘机拍摄
环卫工人机械化除雪作业

5. 徐工：王者的逆袭

徐州工程机械集团公司成立于 1989 年，由徐州重型机械厂、徐州装载机厂、徐州工程机械厂和徐州工程机械研究所等企业、事业单位合并而成，简称徐工集团。

徐州重型机械厂的前身可以追溯到 1943 年建立的八路军鲁南第八兵工厂，或称华兴铁工厂。解放后，在华兴铁工厂的基础上建立的徐州重型机械厂成为我国最早研制起重机的企业。

徐州工程机械厂起源于 1948 年成立的美丰磅厂。1960 年，徐州工程机械厂制造出中国第一台 10 吨压路机，随后又陆续开发出多个型号的压路机。

徐工集团在中国工程机械行业中地位非凡。2000 年，全国工程机械行业共有 1000 余家企业，工业总产值 350 亿元，而徐工集团一家的工业总产值便达到 40.83 亿元，占比超过了 10%。此时，国内工程机械产品可分为 18 个大类 280 多个系列，而徐工能够生产其中 16 个大类 75 个系列共 330 余种产品。

汽车起重机、压路机和装载机是徐工的三大传统主机产品，2000 年分别占有国内市场的 30%、53% 和 9.8%。此外，同年徐工还占有国内摊铺机市场的 45%，拌和机市场的 35%，平地机市场的 12%，是当之无愧的巨无霸级企业。

　　然而，这样一家企业，在进入挖掘机市场的过程中却走了很长的弯路。1994年，徐工集团与美国卡特彼勒成立合资企业卡特彼勒（徐州）有限公司，共同生产液压挖掘机，徐工集团自己不再生产挖掘机。

　　在随后的几年里，徐工与卡特彼勒的合作并不愉快。卡特彼勒一直谋求侵吞徐工在合资企业中的股权份额，以达到完全占有合资企业的目的。1997年，徐工集团出现了暂时性的经营困难，而卡特彼勒却在此时向合资企业增资，迫使徐工让出一部分股权，最终卡特彼勒的持股比例由最初的60%增长到了84.13%，徐工几乎完全被挤出了合资企业，失去了在挖掘机市场上的存在感。

　　痛定思痛，面对国内挖掘机市场出现的机会，徐工管理层决定重新开始，自主研发挖掘机。

　　2007年12月，徐工自主研发的小型挖掘机EC40、EC60、EC80系列问世。次年，国家工程机械质量监督检验中心宣布，徐工获得挖掘机产品制造许可证。随后，徐工组建了专门生产挖掘机的企业——徐州徐工挖掘机械有限公司。徐工集团还在徐州建立了占地面积800余亩的挖掘机产业园，规划产能3万台。

　　虽然比其他企业推迟了近10年时间，徐工终于还是踏上了挖掘机这样一个舞台。依托强大的企业实力，徐工一出手便非同凡响。2009年，徐工挖掘机销量为845台，2010年达到3500台，增长率为314%，一举成为挖掘机市场上又一个具有强劲竞争力的本土品牌。

2020 年 10 月 19 日，大批徐工生产的挖掘机集结在江苏连云港码头等待装船外运

三、收复失土

除前面列举的几家本土挖掘机头部企业之外，在 21 世纪的前 10 年，活跃在中国挖掘机市场上的本土企业还包括中联重科、福田重工、中国龙工、山重建机、厦工、山东力士德、广西开元、江西南特、杭州军联、四川邦立、贵州詹阳动力等，数量多达几十家。这些企业的资金实力和技术来源各异，但都具有一定的市场竞争力，年销售量从数十台至数千台不等。这些企业与行业内的头部企业一道，营造出了中国本土挖掘机的产业氛围，共同推动中国本土挖掘机品牌在市场上攻城略地、收复失土。

按照全行业销售量与进口量加总计算，2001 年，国产品牌在国内挖掘机市场总销售量中的份额为 9.2%，随后稳步上升。2010 年，国产品牌所占份额已经达到 27.0%，总量为 56000 余台，相当于 10 年前的 40 多倍。

2011 年，中国国产品牌的挖掘机保卫战迎来了收官之年。这一年，三一重工挖掘机全年销售 20614 台，市场占有率 12.3%，高出日本小松 0.3%，居行业第一。仅仅 0.3% 的优势，却是在过去的 20 多年时间里，中国本土品牌首次获得挖掘机市场占有率第一，这标志着外资品牌在中国挖掘机市场独步天下的日子已经一去不复返了。

2001—2010 年国产品牌挖掘机产量及所占市场份额

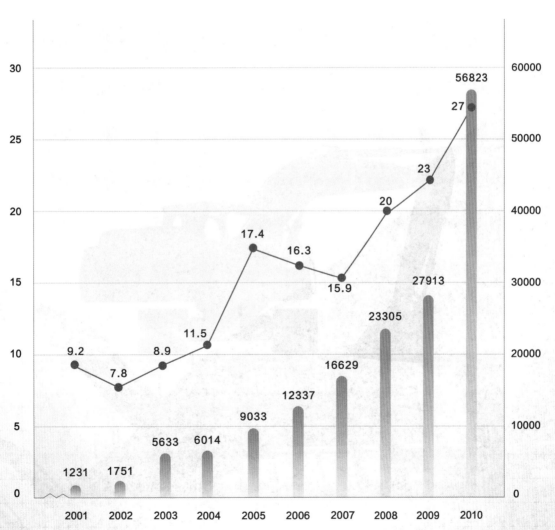

● 国产品牌挖掘机市场份额

▮ 国产品牌挖掘机产量

国产品牌挖掘机市场份额（单位：%）　　　　　　　　　　国产品牌挖掘机产量（单位：台）

2020 年，三一挖掘机全球销售 98705 台，占据了全球挖掘机市场的 15%，成为全球挖掘机销量最高的企业。

从起步到登顶，三一只用了 18 年，这便是中国的实力。

2020 年，国内市场大型挖掘机国产品牌占有率 57%，中型挖掘机 64%，小型挖掘机 78%。三一和徐工两家合计占有 45% 的市场份额。

2013 年，徐工挖掘机销量达到 9000 台，位居国内企业第二。2019 年，徐工挖掘机国内销量为 30252 台，超越了卡特彼勒，成为全行业的第二名。

中联智慧产业城挖掘机械园区

第七章

我们自己干

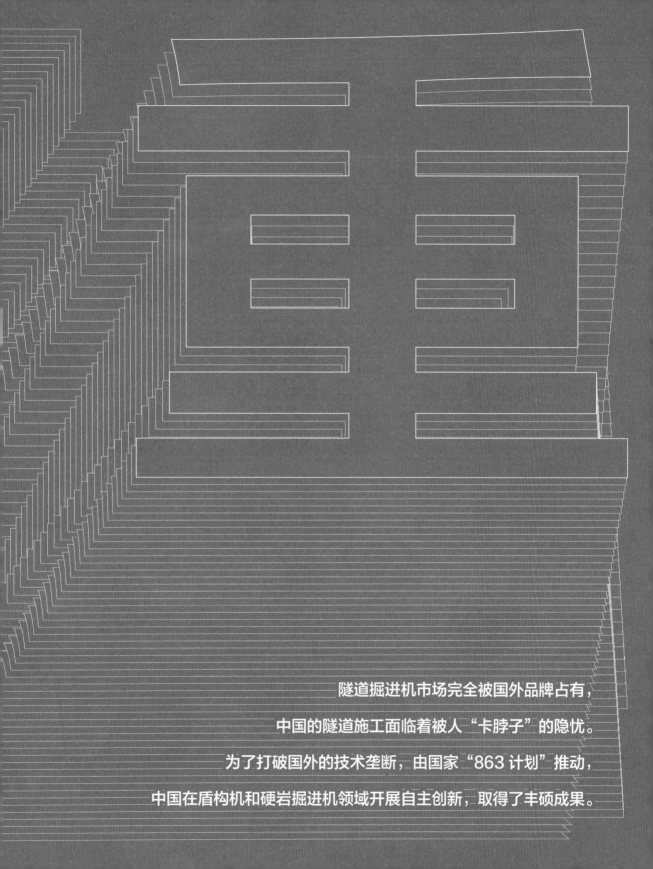

隧道掘进机市场完全被国外品牌占有，

中国的隧道施工面临着被人"卡脖子"的隐忧。

为了打破国外的技术垄断，由国家"863 计划"推动，

中国在盾构机和硬岩掘进机领域开展自主创新，取得了丰硕成果。

2022 年 8 月 21 日，广东佛山，中铁华隧联合重型装备有限公司盾构机生产车间内，工人们正在吊装超大型盾构机刀盘

实现三个转变

一、"卡脖子"的滋味

国产隧道掘进机的崛起，远比挖掘机的逆袭更为惊心动魄。21 世纪之前，中国在隧道掘进机的设计与制造方面几乎完全是空白，核心技术缺乏，关键零部件质量低下，仅有的几台国产隧道掘进机均停留在试验阶段，不具备实际应用的条件。

从无到有，由弱到强，中国的隧道掘进机产业仅仅用了 20 年时间，便站上了这个领域的巅峰。

20 世纪 90 年代末期，初步掌握隧道掘进机施工技术的中国，开始逐渐产生对隧道掘进机的巨大需求。由于未掌握核心技术，中国开展盾构施工所需要的全断面掘进机完全依赖国外。据统计，1999 至 2006 年，中国从国外 7 家企业进口了 138 台全断面掘进机，其中来自美国的有 12 台，来自德国的有 57 台，来自日本的有 69 台。

许多国外企业在开展宣传的时候，都会把"客户即上帝"这句话挂在嘴边。然而，作为全球隧道掘进机市场上最大客户的中国，却未能在隧道掘进机引进中获得"上帝"的感觉。伴随着中国工程技术人员的，是深深的羞辱以及不断积蓄的愤怒。

进口隧道掘进机的价格远远超出了正常利润水平，一台盾构机的平均进口价格达到了 3 亿元，中方几乎没有还价的空间。2001 年，中国某施工单位向某外商提出购买一台旧盾构机时，外商表示要按新盾构机的价格出售，并且配件要加价100%。在外商看来，这样的条件是中国人不得不接受的，因为中国自己未掌握隧道掘进机的制造技术，要想获得隧道掘进机，就必须接受国外的条件。

与高昂的价位形成鲜明对比的，是外国企业傲慢的服务态度和苛刻的要求。据业内人士回忆，当进口隧道掘进机发生故障的时候，中方向外商提出派人来华维修，外方从维修人员踏出家门的那一刻起就要开始计算服务时间，每小时的服务收费标准高达 600 至 800 欧元。维修人员到达中国后，要求住五星级宾馆，吃饭要有牛排，甚至要求休息时能够游泳。有些隧道掘进机的工作场景是在荒郊野外，为了满足外方维修人员的需要，中方甚至不得不专门在工地上修建一个游泳池。

这样无微不至的照顾，换来的并不是外方维修人员的悉心服务。外方人员坚持每天只能工作八小时，到点下班，丝毫不在乎中方业主的心急如焚。

南水北调穿黄工程盾构机"黄河号",位于国家方志馆南水北调分馆

一位盾构机操作人员曾回忆起一次进口盾构机维修的经历：由于盾构机刀盘是带压作业的，打开刀盘舱时，会有一定的危险，外方便把这项工作交给中方人员去完成。而这个环节过后，涉及关键技术的地方，外方又要求中方人员回避，不允许中方了解任何维修细节。

这样做的目的，表面上看是为了保守技术秘密，实际上却是在刻意制造神秘感，以便维持对中方的心理优势，为后续项目继续索取高额利润做好铺垫。

"卡脖子"，对于中国人来说，并不是什么新鲜事。落后就要挨打，落后就会遭受讹诈，这是中国人付出高昂代价学到的教训。中国人养成了不管什么技术都必须掌握在自己手上的习惯，恰恰是因为在中外技术交流中受尽了被"卡脖子"的屈辱。

针对国内隧道掘进机需求的迅速增长，从国家层面到企业层面形成了共识，要想不受制于人，就必须自己掌握隧道掘进机技术，打破国外的技术垄断与技术讹诈。

经过 50 年的积累，中国的工业底蕴已日渐深厚，中国也具备了在隧道掘进机这样一个融合诸多前沿技术的领域里与国外同行一决高下的实力。迎着新世纪的曙光，国家提出了全面掌握隧道掘进机技术的战略目标。

从 2002 年开始，科技部在"863 计划"中陆续设立了多个与隧道掘进机技术相关的研究课题，包括由上海隧道工程股份有限公司牵头的"直径 6.34 米土压平衡盾构及直径 6.2 米复合型土压平衡盾构掘进机研究"（2002 年 7 月立项）、中铁隧道集团牵头的"直径 6.3 米全断面隧道掘进机研究设计"（2002 年 8 月立项）、洛阳 LYC 轴承有限公司牵头的"土压平衡盾构主轴承"（2007 年 8 月立项）和"土压平衡盾构大功率减速器"（2007 年 10 月立项）、中国铁建重工牵头的"大直径硬岩隧道掘进装备关键技术研究与应用"（2012 年 1 月立项）等。

依托国家"863 计划"的支持以及国内隧道工程建设发展带来的机遇，中国隧道掘进机产业迅速崛起，用不到 20 年的时间便跻身世界前列。

隧道掘进机模型

二、难题的 N 次方

隧道掘进机是一个庞然大物，以 2021 年中交集团天和机械设备制造公司为北京六环路改造工程制造的 16.07 米直径泥水平衡盾构机"运河号"为例，它的高度相当于 5 层楼房，长度达到 145 米，普通人以正常步速从盾构机尾部走到头部，需要花费近 2 分钟时间。整台盾构机总重 4500 吨，等于 300 辆小轿车的重量。

如果仅仅是体量和重量上的超大超重，还不足以让人望而却步。一台隧道掘进机包括了十几个工作系统，涉及机械、力学、液压、电气等数十个技术领域。资料显示，一台隧道掘进机的精密零部件最多有 3 万多个，单单一个控制系统就有 2000 多个控制点，对于没有接触过这一领域的人来说，简直是一团乱麻。

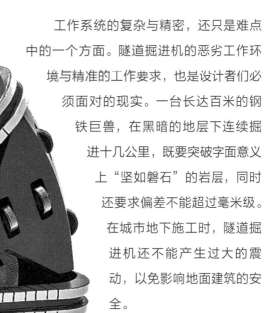

工作系统的复杂与精密，还只是难点中的一个方面。隧道掘进机的恶劣工作环境与精准的工作要求，也是设计者们必须面对的现实。一台长达百米的钢铁巨兽，在黑暗的地层下连续掘进十几公里，既要突破字面意义上"坚如磐石"的岩层，同时还要求偏差不能超过毫米级。在城市地下施工时，隧道掘进机还不能产生过大的震动，以免影响地面建筑的安全。

一台盾构机的结构，其中最主要的工作系统包括刀盘刀具系统、刀盘驱动系统、液压推进系统、管片拼装系统、姿态控制系统、数据采集监视系统、注浆系统、碴土改良系统等，按照实现的功能划分，可以分为两个大的系统，即掘进系统和构筑系统。

1. 掘进系统

掘进系统的功能，是开凿隧道，它由切削、推进、出碴三个部分组成。

切削部分的职能是切割迎面的泥土或岩石。在盾构机的最前端，有一个巨大的刀盘。刀盘上有着各种不同的刀具，分别称为开挖刀、中心刀、周边刀、先行刀等，布置于刀盘的不同位置，承担不同的切削任务。

刀盘由驱动系统带动，缓慢地旋转，在旋转的过程中，刀具不断地切割土层或岩层，产生泥浆、碴土或石屑。刀盘驱动系统包括动力箱、液压系统、刀盘轴承等部分。

刀盘刀具系统和驱动系统是隧道掘进机制造中难度最大的系统。

刀具是用于切割土石的工具，即便是应用于软土层的盾构机，刀具也必须有足够的强度和较强的耐磨性。使用寻常的钢材，也许掘进不到一公里，刀具就已经磨损殆尽，不得不停机换刀。因此，刀具的材料开发是关系到隧道掘进机技术水平的关键。

2021 年 10 月 21 日，建设工人在浙江宁波世纪大道地下综合管廊项目工地准备吊装盾构机刀盘

刀具是安装在刀盘上的，在刀盘的转动过程中，刀具会承受来自泥土层的巨大挤压力，为了避免刀头和刀柄脱落，刀具安装过程中的焊接工艺也十分重要。

刀盘切割土层需要有极大的力量，工作条件极其恶劣，这就对刀盘驱动系统中的轴承、液压系统等提出了高要求，这些部件必须达到高强度、高刚性以及长寿命等标准。在很长一段时间内，盾构机刀盘主轴承都是我国隧道掘进机企业面临的一只拦路虎。

刀盘切割完所接触到的土层或岩层之后，盾构机需要向前推进，这项功能是由推进部分来实现的。盾构机的外围有数十个推进油缸，这些油缸就是盾构机的"脚"。油缸的撑靴支撑在隧道壁上，油缸做功，产生向前的推动力，便能推动整台盾构机向前运动。

盾构机刀盘特写

刀盘

控制室

螺旋排土器

皮带传送机

　　盾构机的推进速度需要与切削土石的速度相匹配。推进得太慢，则刀盘无法接触到土石层，起不到切削土石的作用。推进得太快，刀盘会被紧紧地顶在土石层上，轻则无法工作，重则可能毁坏刀具和驱动轴承，甚至造成严重事故。

　　传统的盾构机需要由熟练的操作人员来控制推进速度，随着技术的发展，越来越多的盾构机已经可以自动调节推进速度。在盾构机的刀盘舱中，装有土压传感器，能够确定刀盘正面的土压，自动控制系统根据土压的大小确定出土速度和推进速度，保持土压的平衡。

　　掘进系统的第三个部分是出碴部分，其职能是把刀盘切削下来的泥浆、碴土等输送到盾构机的尾部，再由自卸卡车等运输工具将其运出隧道。盾构机中使用得最普遍的是螺旋输送机，它不但能够把刀盘切削下来的碴土输送到后方，同时还能起到保持土压平衡的作用。螺旋机上设置有压力传感器和液压比例控制系统，确保刀盘承受的压力恰当，既避免对刀盘造成损坏，又避免泥水倒灌入盾构机内。

左上图：盾构机开挖系统结构图
左中图：盾构机主驱动系统结构图
左下图：盾构机出碴系统结构图

2. 构筑系统

构筑系统的功能，是固定新开凿的隧道四壁，以免松动的土层塌陷。对于在稳定岩层中进行掘进的硬岩掘进机，则可以没有构筑系统，这也是硬岩掘进机不能被称为盾构机的原因。

构筑系统包括管片拼装、注浆等部分。相比掘进系统在土石层中开拓，构筑系统的工作显得较为轻松，但却极其烦琐。

管片拼装涉及管片起重机、管片输送机和管片拼装机等机械。其中管片拼装机需要把输送机送过来的管片拼装到隧道壁的指定位置，这涉及管片抓取、平移、回转、升降、横摇、仰俯、偏转等七个动作，每个动作都需要高度精密，以保证管片的拼装位置准确无误。

上图：2021 年 12 月 7 日，南通铁建建设构件有限公司工人在水养池吊运国内单体最大盾构管片

左图：2021 年 12 月 7 日，南通铁建建设构件有限公司工人在车间加工盾构管片

要完成这样复杂的工作，要求管片拼装机的工作装置具有至少 6 个自由度。如果拼装的只是一块小瓦片，设计一台这样的机械倒也不难。然而，盾构机的管片却是重量高达 5 至 8 吨的混凝土块，这相当于举着一辆载重卡车在拼积木。

隧道壁的一个环，通常包括 6 至 11 个管片，管片的宽度在 1 至 2 米之间，这意味着每公里隧道需要拼装的管片少至 3000 片，多至 11000 片。这样多的数量，要求拼装机能够具有极高的自动化水平，而这又是拼装机研制的一大难点。

注浆部分的作用，是在隧道壁土层与管片之间注入填充剂，一般为水玻璃和水泥浆。注浆体能够填充隧道土层与管片之间的缝隙，使土层得到支撑，避免坍塌。同时，注浆体也可起到防水作用，避免土层中的地下水渗透到隧道中。

注浆部分的设计难点在于保证注浆速度，要在土层松动之前完成注浆工作。同时，注浆也存在压力平衡的要求，压力过小则无法达到支撑土层的作用，压力过大则会挤压管片，导致管片破损。

盾构机注浆系统结构图

　　姿态控制系统、数据采集监视系统、碴土改良系统等对于保证隧道掘进机顺利工作也是必不可少的，每个系统都有自己的技术难点，任何一个难点无法解决，隧道掘进机就无法制造成功。

　　各个工作系统的技术难点解决之后，如何把这些系统集合在一起，保证各个系统之间不发生冲突，同样是一个技术难题。

　　难题与难题不是简单的叠加关系，而是一种乘法关系。中国隧道掘进机企业面对的，就是这样一个难题的 N 次方，它们需要有极大的勇气与毅力，去破解这个工程机械上的"哥德巴赫猜想"。

管片组装机

三、先行者

成功研制首台具有自主知识产权国产盾构机的荣誉，被上海隧道工程股份有限公司摘取了。2004 年 10 月，由隧道股份依托"十五"时期国家"863 计划"项目研制的地铁土压平衡盾构机"先行号"在上海地铁 2 号线西延伸段隧道启动施工，于 2005 年 6 月完成了首次掘进，并于 10 月份创造了日推进 38.4 米、单月推进 566.4 米两项新的国内纪录。在此之前，进口盾构机创造的纪录是日推进 31.2 米、单月推进 531 米。

上海是国内最早探索隧道工程盾构法施工的城市，早在 20 世纪 60 年代就建造过网格式盾构机用于市政隧道施工，积累了丰富的施工经验。进入 20 世纪 90 年代，上海为了进行地铁建设，从国外引进了多台盾构机。上海隧道工程股份有限公司参与了这些盾构机的建造工作，虽然只是采用进口部件进行组装，但隧道股份还是从这些工作中学到了许多盾构机设计与制造的技术。

1997 年，上海隧道工程股份有限公司曾利用国外技术制造过一台完全国产的地铁盾构机——"10 号盾构机"，成为日后研发自主知识产权盾构机的雏形。

2002 年，隧道股份获得国家"863 计划"中的软土盾构机研制项目。结合国内的技术现状以及中国入世后所面临的新的开放形势，隧道股份提出了"自主设计、上海制造、全国配套、全球采购"的设计思想，侧重于尽快掌握盾构机的整机设计能力。

当时，关于盾构机的设计，在国际上存在着两种设计思想。以美国罗宾斯、德国海瑞克为代表的欧美设计思想主要追求设备的高可靠性和高效率，而以日本三菱、IHI 为代表的日本设计思想则更强调设备的经济性。表现在无故障工作时间方面，日本盾构机的主要部件无故障工作时间一般为 2000 至 3000 小时，而欧美产品则可达到 10000 小时。

2020 年 9 月 27 日，上海浦东国产盾构研发制造基地，由隧道股份
上海隧道自主研制的超大直径盾构机"骐跃号"

经过认真分析，隧道股份确定了"先行号"盾构机的设计沿用欧美设计思想，要求产品具有高可靠性、可维护性、适用性以及长寿命等特性。为了达到这一目标，隧道股份建立了一支实力强大的研发队伍，对盾构机的各项关键技术进行攻关，突破了多项技术障碍，在刀盘驱动系统、盾尾密封系统、推进系统、螺旋机系统、管片拼装机、中心回转接头、供配电系统、PLC自动控制系统、盾构数据采集系统等方面形成了独特的技术优势。

"先行号"的卓越表现，有着重大历史意义。"先行号"是国内首台完全自主设计、具有自主知识产权的全断面盾构机。它的表现丝毫不逊色于进口盾构机，而价格只相当于日本盾构机的2/3、欧美盾构机的1/2。

更重要的是，它的问世，意味着中国的城市地下隧道建设不再需要依赖进口设备，实现了用国字号品牌挡住"洋品牌"的战略转变。"先行号"在上海地铁工程中得到成功应用之后，仅一年时间，该型号盾构机便获得了22台的订单。

2018 年 3 月 20 日，上海诸光路隧道工程

四、不断突破

"先行号"的问世，只是中国盾构技术突破的开端，一旦打开了这扇窗户，中国工程技术人员的想象力便获得了充分释放，技术创新纷至沓来。

2005年12月，由中铁隧道集团制造的我国第一台自主设计、自主制造的土压平衡式复合刀盘顺利出厂，这是国家"863计划"中"砂砾复合地层盾构切削与测控系统关键技术研究与应用"项目的成果。这副刀盘直径6.23米，重量46.7吨，包括6把双刃滚刀、110把切刀、12把刮刀、6把保护刀和1把中心鱼尾刀，填补了我国复合式刀盘刀具研制领域的空白。

2007年1月，国家"863计划""隧道掘进机实验室"项目在中铁隧道集团河南新乡基地开始建设，当年年底研制出了具有自主知识产权的盾构控制系统模拟检测实验平台，该平台具有直径大、控制点数多、功能齐全等特点，是研发大型盾构机的基础设施。

2021年9月14日，河北秦皇岛，抚宁抽水蓄能电站建设现场，世界首台大直径超小转弯TBM"抚宁号"正在进行施工准备

2008 年 4 月，中铁隧道制造出国内首台拥有自主知识产权的复合式土压平衡盾构机"中铁 1 号"，并在天津地铁 3 号线营口道站至和平路站盾构区间得到成功应用。"中铁 1 号"的研制成功，填补了我国复合式土压平衡盾构制造领域的空白，形成了包括复合盾构设计与集成、六自由度管片拼装机设计、螺旋输送机结构优化设计、带压进舱安全系统设计、复合式碴土改良系统等一系列关键技术。以"中铁 1 号"为样机，中铁工程装备集团研制出了一批软土地层土压平衡盾构机。

2008 年 10 月，上海隧道工程股份有限公司首台 11.22 米直径的大型泥水平衡盾构机"进越号"在上海打浦路隧道复线工程现场安装完毕并投入使用。这是一台具有完全自主知识产权的大直径泥水平衡盾构机，突破了包括同步注浆系统、管片拼装机、泥水输送系统、电气控制系统等在内的一系列关键技术。

在国家"863计划"的支持下，

中国工程机械产业仅仅用了不到10年时间，

就掌握了隧道掘进机的自主研发与自主制造技术，

大批国产隧道掘进机被应用于国内的

地铁、公路、铁路和市政、水利工程建设，

并逐渐走出国门、走向世界。

2022年4月，直径15.09米的超大直径泥水平衡盾构机
"争先号"（中铁1100号）顺利下线

第八章

铁军掘进

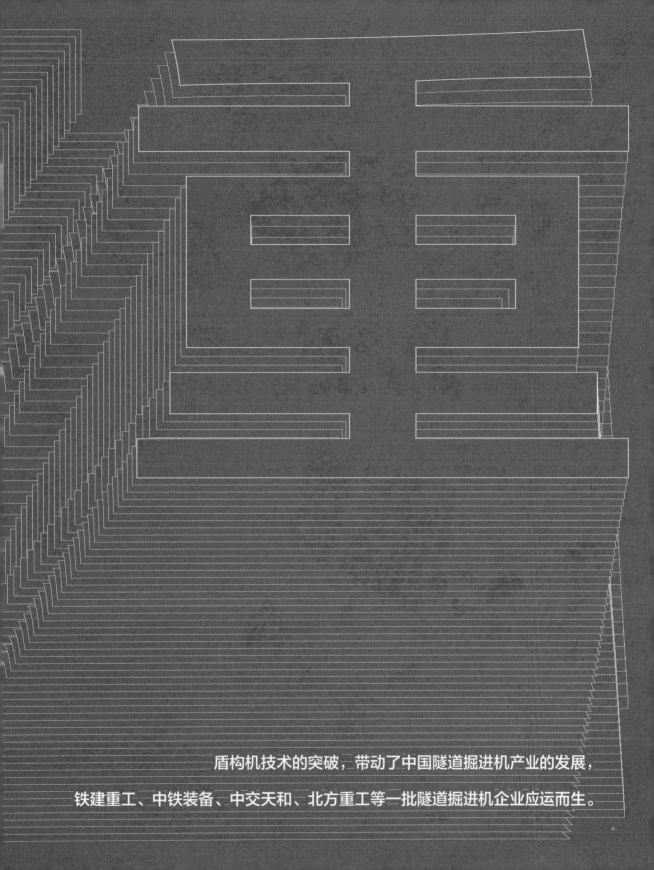

盾构机技术的突破，带动了中国隧道掘进机产业的发展，

铁建重工、中铁装备、中交天和、北方重工等一批隧道掘进机企业应运而生。

2021 年 7 月 10 日，超大直径土压平衡盾构机"锦绣号"
在铁建重工长沙第二产业园下线

盾构机研发初战告捷，极大地鼓舞了国内的工程机械行业，国家因势利导，对隧道掘进机产业给予了大力支持。

2006 年，国务院发布《关于加快振兴装备制造业的若干意见》，列出了 16 项重点支持的重大技术装备，其中第 10 项明确提出"满足铁路、水利工程、城市轨道交通等建设项目的需要，加快大断面岩石掘进机等大型施工机械的研制，尽快掌握关键设备制造技术"。次年，财政部宣布对制造大型全断面隧道掘进机所进口的部分关键零部件实行税收的先征后退，所退还的税款作为国家投资，主要用于企业的新产品研制。

各行各业迅速涌现出一批隧道掘进机制造企业，它们分别采用自主研发或与国外盾构机企业合作、合资等方法，掌握隧道掘进机制造技术。这其中，铁建重工、中铁装备、中交天和、北方重工、隧道股份、三三工业等企业的成绩尤为抢眼。

2020 年 10 月 30 日，"泰山号"盾构机巨大刀盘破土而出，"万里黄河第一隧"济南黄河隧道工程东线隧道率先贯通，标志着我国在建的最大直径公轨合建盾构隧道取得重大进展，在人类历史上首次穿越地上"悬河"

一、铁建重工

　　国家的政策支持，大基建带来的机遇，加上改革开放以来中国制造业实力的积累，催生出了一批中国本土隧道掘进机制造企业，起步于湖南长沙的中国铁建重工集团股份有限公司便是其中的一员。

　　铁建重工作为一家独立企业的历史并不长，但它的母公司中国铁道建筑集团却是脱胎于历史悠久的中国人民解放军铁道兵部队。这支组建于 1948 年 7 月的铁军，在"汗水融化千层岩，风枪打通万重山"的钢铁誓言下，一度承担了全国所有的铁道建设工程，并参与过多项大型水利建设工程。在抗美援朝战场上，面对着以美军为首的"联合国军"疯狂的"绞杀战"，铁道兵部队冒着生命危险抢修铁路，建成了一条"打不断、炸不烂"的钢铁运输线，成就了能打硬仗的赫赫威名。

铁建重工代表性产品刀盘图

"京华号"

"深江1号"

"锦绣号"

1984 年 1 月，铁道兵集体转业，并入铁道部。2000 年 9 月，中国铁建与铁道部脱钩，成为独立的中国铁建集团。

2004 年，国家《中长期铁路网规划》正式颁布，提出到 2020 年全国铁路营业里程达到 10 万公里，中国的铁路建设迎来了一个狂飙突进的时代。

为了配合高速铁路网建设，2006 年，中国铁建集团在原株桥公司基础上成立道岔公司，中铁十一局原副总理刘飞香被任命为公司总经理。次年，以株桥公司和道岔公司为基础，成立了直属于中国铁建的中铁轨道系统集团有限公司，并落户于湖南株洲。

集团刚刚成立，便接受了一项艰巨的任务——研制中国自己的重型隧道施工装备。2008 年 8 月，中铁轨道系统集团有限公司在长沙东七路 88 号的一片荒原中动工建设隧道重型装备基地，目标是建成全球领先的地下工程装备和轨道交通装备企业。2011 年 7 月，中铁轨道系统集团正式更名为中国铁建重工集团。

铁建重工成立之初，由于国内掘进技术基础薄弱，公司曾经动过与国外企业合作的念头，希望通过引进技术的方法来实现自身的跨越。国外隧道装备公司一方面垂涎于中国市场的丰厚利润，另一方面又担心中国企业掌握核心技术之后会成为自己的竞争对手，因此提出了种种苛刻的合作条件，既想要获得利润，又拒绝向中方转让技术。

面对此情此景，铁建重工集团党委书记、董事长刘飞香作出决断：

谈不下去就不谈了，我们自己干！

2010年，铁建重工承接了湖南省科技重大专项"大型盾构设备研制及其产业化"，为长沙地铁2号线15标工程研制大型盾构机。这是铁建重工在自主盾构技术上的首战。凭借在铁路隧道建设中积累下来的施工经验，铁建重工的研发团队突破了整机集成、盾体内关键部件更换、螺旋输送机洞内拆机与更换、主驱动洞内拆机与密封件更换等技术，形成了在盾构机制造与应用中的自主知识产权。

被命名为"开路先锋 19 号"的长沙地铁 2 号线盾构机于 2010 年 11 月始发，这也是国产首台复合式土压平衡盾构机。设备开挖直径 6.25 米，总长 81 米，总重量 450 吨。2011 年 5 月，"开路先锋 19 号"实战告捷。

2012 年，铁建重工牵头承担了国家"863 计划"中的"岩石隧道掘进机（TBM）"项目。这个项目是个"硬骨头"，因为岩石隧道掘进机所面对的是硬岩地质，正是我国隧道掘进技术中最薄弱的环节。

为了突破这一技术，铁建重工联合中铁十八局、浙江大学、天津大学、中南大学等机构组成了联合攻关团队，其依托工程为吉林引松工程总干线二标段。

2014 年 12 月，国产首台大直径 TBM 在长沙下线。这台掘进机为敞开式结构，开挖直径 7.93 米，总长 180 米，总重 1500 吨，集隧道开挖、支护、出碴、通风、排水等功能于一体，而且每台售价比进口设备便宜 5000 万元以上。它的问世，结束了中国不能自主设计大直径 TBM 的历史，打破了国外厂商对中国的技术讹诈。

在 2021 年全球全断面隧道掘进机制造商 5 强榜单中，铁建重工位列榜首。在英国 *International Construction* 杂志评选的 2022 年全球工程机械制造商 50 强排行榜中，铁建重工排名第 36 位。

2021 年 8 月 23 日，"深江 1 号"泥水平衡盾构机在长沙下线，这是首台用于高铁海底隧道施工的国产盾构机

二、中铁装备

中铁工程装备集团有限公司的前身是原铁道部隧道工程局。1999 年 9 月，隧道工程局从铁道部分离，首先更名为中铁隧道工程局，随后又改组为中铁隧道局集团有限公司，归属中国中铁股份有限公司。

2001 年，中铁隧道集团开始自主研发隧道掘进机。2001 年底，由中铁隧道集团新乡机械制造公司承担的"关于隧道掘进机关键技术的研究"被列入国家"863 计划"。次年 8 月，中铁隧道集团在河南新乡建立了包括盾构研发、组装调试、制造维修在内的盾构产业化基地，10 月，一个由 18 人组成的"筑梦之队"盾构机研发项目组正式成立。

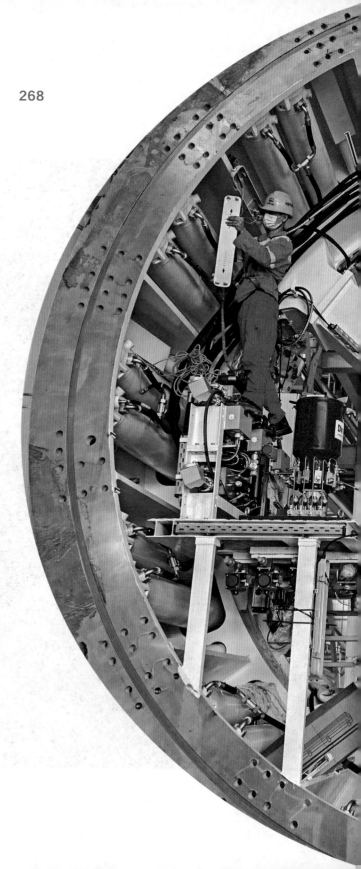

2020 年 10 月 30 日，中铁装备盾构机总装车间

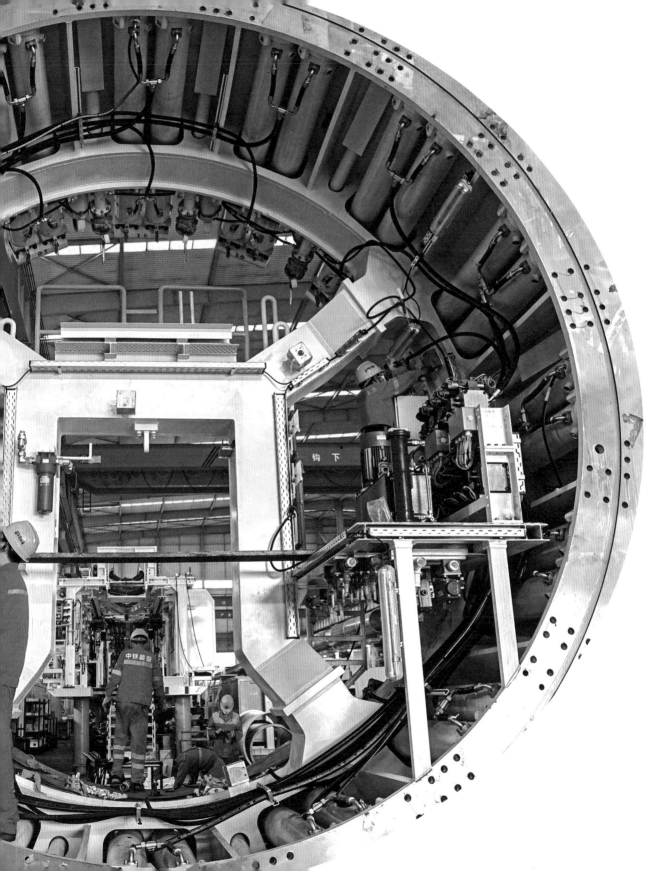

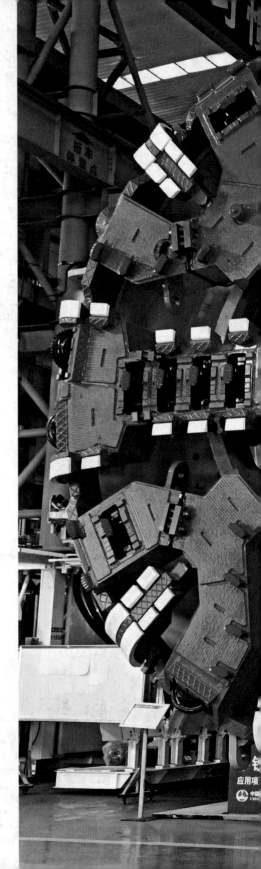

在随后的几年中，中铁隧道集团先后获批"6.3米全断面隧道掘进机研究设计""盾构掘进机刀盘刀具与液压驱动系统关键技术研究及其应用""砂砾复合地层盾构切削与测控系统关键技术研究及应用""大直径泥水盾构消化吸收与设计""复合盾构样机研制"等五项国家"863计划"的盾构机项目，成为国内盾构机研发的骨干企业。

2008年，国内首台拥有自主知识产权的复合式土压平衡盾构机"中铁1号"在中铁隧道集团河南新乡基地研制成功，开始全面进入国内市场。"中铁1号"问世后，进口盾构机的价格瞬时下降了30%至40%。

2022年4月14日，中铁装备盾构机生产车间

单位：台

187
194
202
159
104
65

2015年
2016年
2017年
2018年
2019年
2020年

中铁装备全断面隧道掘进机年产量（2015—2020年）

2009 年，中铁隧道装备制造有限公司正式成立，2013 年更名为中铁工程装备集团有限公司。中铁装备的成立，并不仅仅是一个名称上的改变，而且代表着经营模式上的变化。从 2010 年开始，中铁装备全面进军国内隧道掘进机市场。在重庆轨道交通建设盾构采购项目中，中铁装备根据当地的地质条件，创造性地提出了"硬岩盾构"的设计理念，将硬岩掘进机与盾构机的特点融于一体，既满足了岩石地层的开掘需要，又极大地降低了造价，从而赢得了业主方的信任，一举中标 9 台设备，实现了开门红。

2013 年 11 月，中铁装备收购了德国维尔特公司的硬岩掘进机及竖井钻机知识产权，跻身于全球能够独立生产自主知识产权硬岩掘进机的三大企业之列。

2015 年至 2020 年，中铁装备累计生产全断面隧道掘进机 911 台，位居同期国内各企业产量之首。其中 2020 年生产 202 台，占当年全国隧道掘进机总产量的 31%。

三、中交天和

铁建重工和中铁装备都脱胎于铁道部系统，具有铁路建设者的基因。而中交天和机械设备制造有限公司则是来自原交通部系统，继承的是中国交通建设股份有限公司所拥有的公路建设与航道、港口建设的技术基础。

中国交通建设股份有限公司的前身是原交通部下属的中国路桥（集团）总公司和中国港湾建设（集团）总公司，分别是中国公路建设和港口建设的老牌企业。早在20世纪50年代初，中交公司的前辈就曾在几乎没有任何工程地质资料的情况下，凭着最原始的手工工具，在世界屋脊上建成了川藏、青藏两条公路，结束了西藏没有现代公路的历史。他们的功绩，形成了著名的"两路"精神。

2022年2月20日，由中交天和自主研发制造的国产最大直径盾构机"聚力一号"在江苏江阴靖江长江隧道工程施工现场吊装下井

2005 年 12 月，中国路桥和中国港湾合并组成中国中交集团，成立时拥有
35 家全资子公司、20 家控股公司和 2 家上市公司，总资产近 700 亿元，成为中
国规模最大的公路路基桥梁建设企业。

中交集团拥有公路与航道建设的丰富经验和技术，然而长期以来，集团进行
地下工程建设的装备却只能从国外进口。自己不能掌握核心技术，便难逃受制于
人的境遇。为了打破国外在隧道装备上的技术封锁，中交集团决定整合内部资源，
组建专业从事盾构设备研制的机构。

2010 年 4 月，由中交天津航道局有限公司及中和物产株式会社合资控股的中
交天和成立，在成立之初便接到了为南京纬三路过江通道工程研制两台超大直径
盾构机的重任。

南京纬三路过江通道由两条隧道交叉组成，每条隧道分为上下两层 4 车道，
每层高度 4.5 米，隧道要穿越长江江底，地质情况复杂，而且还有高达 0.72 兆帕
的施工水压，是当年国内最复杂的超大型隧道工程之一。

面对这一工程，建设单位确定采用盾构法施工。在当时，国内正在使用的五台直径 14.5 米以上的泥水气压平衡式盾构机均为国外品牌，国内尚无研制此类盾构机的成功先例。然而，当建设单位尝试与国外厂商洽谈引进两台大断面盾构机时，国外厂商不仅开出了 9 亿多元的天价，而且还提出苛刻的售后服务条款以及高昂的服务价格。

自己干，这是中交集团领导层作出的决断。成立不到半年时间的中交天和接起了这副重担。

在外人看来，中交天和研制盾构机完全是从零起步。而业内人士却知道，中交集团早在 2002 年便已开展了盾构机的预研，形成了坚实的技术储备，而且建立起了完整的制造体系。

2010 年 6 月，中交天和 6 万平方米现代化厂房开始建设，目标是形成年产 40 台大型盾构机的生产能力。2010 年 10 月，中交天和正式启动南京纬三路过江通道盾构机的研制工作。

经过 14 个月的艰苦奋斗，国内首台 15.03 米超大直径复合式泥水平衡盾构机"天和一号"于 2011 年 12 月在位于江苏常熟的中交天和厂房内诞生。三个月后的 2012 年 3 月，"天和一号"的孪生姐妹"天和号"也顺利出厂，投入了纬三路过江通道的建设。

"天和号"一炮打响，中交天和在盾构机研制上大步向前。短短几年内，中交天和已经形成了年产 180 台盾构机和 5 万吨大型钢结构件的生产能力，产品涵盖 TBM、泥水、土压、复合式、敞开式、竖向掘进等全系列产品。中交天和盾构机的足迹，覆盖了国内 40 余个城市，还有日本、孟加拉、印度尼西亚、马来西亚、新加坡等 10 余个国家和地区。

2022 年 4 月 29 日，"聚力一号"始发现场，工作人员开展盾构机始发前的准备工作

四、北方重工

与铁建重工完全依靠自主力量研发隧道掘进机不同，北方重工进入隧道掘进机领域，采用的是引进和消化吸收国外技术的方法。

北方重工与 TBM 的首次亲密接触，是 2005 年辽宁大伙房水库输水工程隧洞建设项目。该项目由中国施工队伍自主施工，设备则采用了国内企业与国外厂家联合设计制造的方法进行生产，其中从美国罗宾斯公司引进的两台 TBM，由大连重工·起重集团与罗宾斯公司合作生产；从德国维尔特公司引进的一台 TBM，由北方重工的前身沈重集团与维尔特公司合作生产。

沈阳重型机械集团有限责任公司（原沈阳重型机器厂）始建于 1937 年，是新中国成立后国家投资扩建的第一个重型机械制造厂，长期以来承担着为矿山、冶金、电力等行业提供重型装备的职责。新世纪初，沈重集团关注到隧道掘进机市场的兴起，于 2005 年 3 月与德国维尔特钻掘设备制造公司、法国 NFM 技术公司三方共同投资，成立了沈阳维尔特重型隧道工程机械成套设备公司，专注于隧道掘进机的研制。三方合作协议规定，该公司由沈重集团控股，在中国市场上进行项目投标时，必须以沈重集团为投标主体，外方在合作中需要无偿转让设计与制造技术。

　　无独有偶，同样是在 2005 年，在沈阳维尔特公司成立仅仅一个月后，沈阳的另一家企业沈阳矿山机械集团公司也与日本 JFE 工程公司签订了合作协议，联合制造盾构机。

　　凭借从维尔特公司获得的技术，2005 年，沈重集团拿到了为武汉过江隧道工程生产两台盾构机及为青海引大济湟调水工程制造一台双护盾硬岩隧道掘进机的合同。2006 年，又在市场招标中击败了多家国外对手，拿下北京、广深港铁路等隧道工程的 6 台大型泥水平衡盾构机订单。

　　为了整合沈阳市的隧道掘进机制造力量，2006 年 12 月，中国建材集团、沈阳工业国有资产经营公司、沈阳市铁西区国有资产经营公司等股东在沈阳签署协议，将沈重集团与沈矿集团合并组成北方重工集团有限公司。

　　2007 年，北方重工并购了此前的合作伙伴德国维尔特公司和法国 NFM 技术公司，将这两家公司的技术全部收入囊中，从而拥有了生产土压平衡盾构机、泥水平衡盾构机、护盾式硬岩掘进机、双模式掘进机等的核心技术。

2008 年至 2010 年间，北方重工先后与日本石川岛播磨重工业株式会社、德国 MTS 技术公司、美国罗宾斯公司等联合研制盾构机和硬岩掘进机，并积累了相关技术。

此后，北方重工在消化引进技术的基础上，积极开展自主研发，针对国内不同工程地质条件和施工要求，研制出煤矿岩巷全断面掘进机、全断面矩形煤巷高效掘进机等新产品，填补了国内多项空白。

2017 年 12 月 7 日，北方重工生产车间生产的硬岩掘进机

中铁山河1号

建设单位：🅖 长沙市轨道交通集团有限公司

设计单位：🅨 广州地铁设计研究院有限公司

勘察单位：🅣🅖 广东省重工建筑设计院有限公司

监理单位：中铁隆湖南长顺长沙市轨道交通5号线
一期工程土建监理一标联合体项目监理部

施工单位：🅒 中国中铁股份有限公司

设计制造单位：🅒 中铁山河工程装备股份有限公司

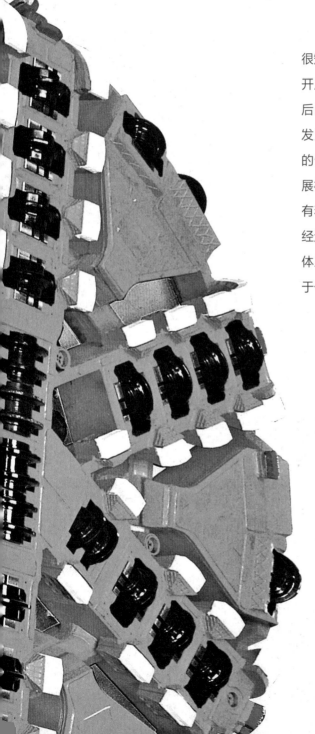

国内隧道掘进机企业的共同特点是成立时间很短，虽然有些企业的前身有一定的历史，但正式开展全断面隧道掘进机的研制都是进入 21 世纪之后的事情。中国隧道掘进机产业能够如此快速地发展，原因有三个方面：首先，中国隧道工程量的快速增加，给隧道掘进机产业带来了良好的发展机遇；其次，国家在推进隧道掘进机国产化方面有着坚定的意志，给予了不遗余力的支持；最后，经过几十年的工业化进程，中国拥有了完整的工业体系，能够支撑隧道掘进机这种集数十个工业门类于一身的综合性重型装备的制造。

山河智能盾构机

天时地利俱备，
再加上各家企业敢于迎难而上的精神，
中国的隧道掘进机产业便迎来了
百花齐放的春天。

2021 年 4 月 6 日，广东佛山，中铁华隧联合重型装备有限公司盾构机
生产车间内，多台不同型号盾构机生产同时进行，工人们忙着装配零部
件，给已调试好的设备拆解装车发货

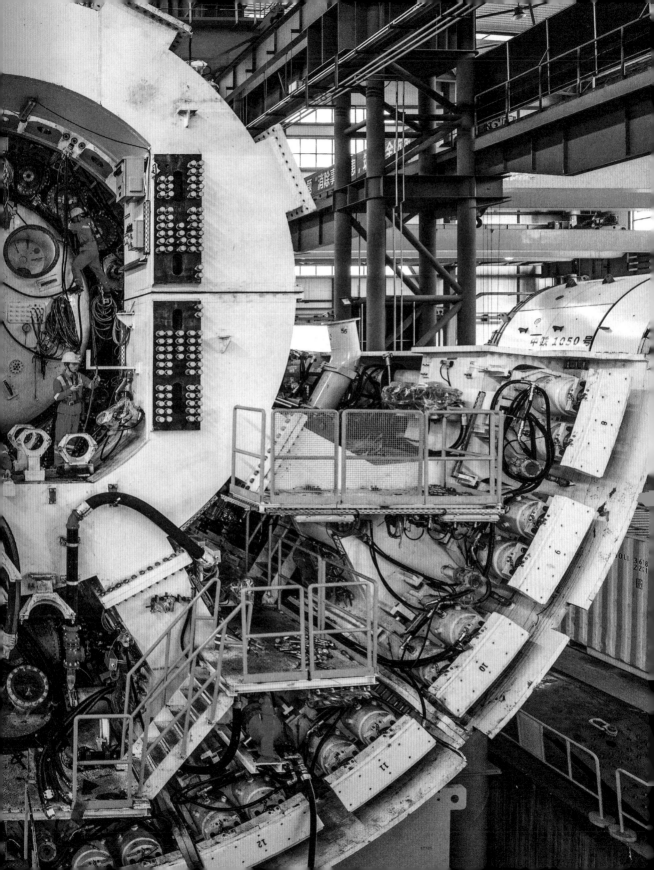

第九章

谁持彩练当空舞

经历了国际竞争考验的中国工程机械企业，

自身实力得到极大提高，积累了经验与自信，

开始跨出必然王国的藩篱，走向自由王国的天地。

在国际工程机械舞台上，

中国工程机械企业开始展现出自己的风采。

2018 珠海航展开幕，"八一"飞行表演队展示歼 -10 特技飞行

一、挑战巅峰

曾经，在几乎所有的工业领域里，"最大""最强""第一""首创"这样的概念，都属于西方企业，而中国一直都是作为跟随者与模仿者，把达到西方国家同时期水平作为最高目标。

进入新世纪，先后师法于苏联和西方国家，并有着几十年自力更生经历的中国工程机械产业拿到了毕业证，开始向昔日的老师发起挑战，要创造出属于自己的世界纪录。

中联重科 ZCC3200NP 型履带式起重机

1. 履带式起重机

起重机械是工程机械中的大力士，在这个领域里，中国企业已经走到了世界最前列。

履带式起重机是起重机家族中的王者，其起重能力远超轮胎式或汽车式起重机。我国早期的履带式起重机基本上是依托履带式挖掘机或履带式推土机的机身改造而成，起重重量较小，技术较为落后。

1982 年，太原重型机器厂从联邦德国德马克公司引进了起重重量在 140 吨至 300 吨之间的 CC600、CC1000 和 CC2000 三种型号履带式起重机的制造技术。随后，抚顺挖掘机制造厂从日本日立建机引进了 KH125 型全液压履带式起重机的技术。这些技术的引进，使中国拥有了设计和制造中小吨位履带式起重机的能力。然而，在随后的 20 年内，中国的履带式起重机发展缓慢，总体表现为吨位小、技术与国外存在较大差距。

2005 年之后，随着国内基础设施建设的热情不断高涨，尤其是西电东送、西气东输等大型工程的铺开，国内对大中型履带式起重机的需求日益旺盛，带动了国内履带式起重机技术的飞速进步。

2006 年 5 月，三一重工推出起重重量为 400 吨的 SCC4000 型履带式起重机，刷新了国内履带式起重机起重吨位的最高纪录，被誉为"神州第一吊"。

但随后，这个"神州第一"的头衔，便不断地被新推出的产品所取代。SCC4000 问世后仅仅半年，2006 年 10 月，中联重科推出了起重重量为 600 吨的 QUY600 履带式起重机，其采用了高强度大管径管材焊接技术，打破了国外在这一技术上的垄断，填补了国内空白。

2008 年 1 月，三一重工推出 SCC9000 型履带式起重机，最大起重重量为 900 吨，居亚洲第一，被称为"亚洲第一吊"。

2009 年，中联重科推出 QUY1000 型履带式起重机，最大起重重量为 1000 吨。

中联重科 QUY1000 型履带式起重机

2009 年 11 月，三一重工 SCC9000 型履带式起重机
成功吊装福建宁德核电站一号机组穹顶

2010 年，国内重型起重机制造企业你追我赶，不断刷新最大起重重量的极限。3 月，三一重工 1180 吨起重机下线；5 月，抚挖重工 1250 吨起重机下线；8 月，三一重工推出 1600 吨起重机；9 月，徐工推出 2000 吨起重机。

2011 年 5 月，为解决第三代核电站建设中穹顶吊装的难题，中联重科推出 ZCC3200NP 型履带式起重机，起重重量 3200 吨，是国产起重机同量级中唯一运用于核电吊装的设备，也是当今世界上唯一同时应用在第二、三、四代核电吊装的 3000 吨级履带式起重机。

同月，三一重工推出 SCC86000TM 型履带式起重机，最大起重重量 3600 吨，刷新了世界纪录。从"神州第一吊"到"蓝星第一吊"，三一仅仅用了 5 年时间。

2012 年 11 月，徐工发布 XGC88000 型履带式起重机，最大起重重量 4000 吨，起重力矩 88000 吨·米，创造了新的世界纪录。

2021 年 10 月 28 日，三一重工向山东海湾吊装工程股份有限公司交付了一台 SCC98000TM 型履带式起重机，这台起重机的起重力矩达到 98000 吨·米，采用双臂工况可实现 4500 吨的起重作业，是迄今为止全球起重重量最大的起重机。

2016 年 3 月，中联重科 ZCC3200NP 型履带式起重机成功吊装全球首座四代核电站反应堆压力容器

2013 年 7 月 5 日，徐工 XGC88000 型履带式起重机
在山东烟台成功实现全球首吊

2. 塔式起重机

与敦实厚重的履带式起重机不同，被划分为建筑起重机大类的塔式起重机身材高挑，的确配得上起重机的英文单词所对应的仙鹤（Crane）之意。中国的塔机研制始于 20 世纪 50 年代，起初是模仿苏联、东欧国家的产品，进入 80 年代后，通过引进法国波坦公司的技术，形成了新的规范。中国的塔机技术进步很快，在 20 世纪 90 年代就已经实现了进口替代。进入新世纪之后，中国塔机企业一骑绝尘，把全球同行甩在了身后。

2021 年 10 月，中联重科在常德塔机智能工厂举行全球最大上回转塔机下线仪式，此次下线的 W12000-450 塔机自重 4000 吨，额定起重力矩 12000 吨·米，最大起重重量 450 吨，最大起升高度 400 米。如果要用一种形象的方法来解读这组数据，那就是这台塔机能够一次性地把相当于 300 辆小轿车重量的物体提升到北京中央电视塔的避雷针顶端上去。

2019 年 10 月 16 日，中联重科打造的全球最大吨位
内爬式动臂塔机 LH3350-120 下线

2021年10月25日，中联重科打造的全球首台
超万吨·米级塔式起重机 W12000-450 下线

没有人能够说清楚
这是中国塔机企业创造的
第几个世界纪录，
毕竟在这个领域里，
能够与中国企业竞争的
外国选手已经所剩无几。

3. 液压挖掘机

挖掘机一度是中国工程机械行业中最明显的短板，尤其是在大中型挖掘机方面，国产品牌曾经只能成为竞技场上的观众，没有参赛的资格。

进入新世纪，以三一重工和徐工集团为代表的中国挖掘机军团逆势而起，在逐步收复被外资品牌占有的挖掘机市场份额的同时，也在向挖掘机技术的顶峰发起冲击。

早在 2008 年，三一重工便推出了当时亚洲最大的液压挖掘机 SY2000C，自重 200 吨，斗容量 12 立方米，被称为"神州第一挖"。

2008 年，当时亚洲最大的 200 吨级挖掘机在三一重工下线

2018 年，徐工集团刷新了"神州第一挖"的纪录，其推出的 XE7000 型矿用挖掘机，自身重量达到 700 吨，相当于 500 辆普通小轿车，总长 23.5 米的机身接近地球上最大生物——成年蓝鲸的身长。斗容量 34 立方米，一次能够铲起 60 吨物料，使中国成为世界上继德、日、美之后第四个具备 700 吨级液压挖掘机研制能力的国家。XE7000 的液压系统、行走系统和动力系统，都实现了全面的国产化，技术达到了全球领先水平。

2017 年 3 月 1 日，徐工国内首台 400 吨级液压挖掘机和
徐工巨型矿用自卸车在山西平朔煤矿施工

4. 机械式矿用挖掘机

在液压挖掘机不断攻城略地的时候，机械式挖掘机也并未退出历史舞台。在重型矿用挖掘机领域里，机械式挖掘机仍然占据着重要的地位。

2012 年 6 月 5 日，在太重集团，一台长 37.5 米、宽 17.3 米、高 23.5 米，总重量达 2000 吨的庞然大物轰然问世，这台名叫 WK-75 的重型矿用挖掘机，斗容量达到 75 立方米，是迄今为止全球斗容量最大的矿用挖掘机。

WK-75 采用齿轮－齿条推压式驱动铲斗，一铲之中可举起重达 135 吨的矿石，在露天煤矿作业中可达到每小时采矿 12000 吨的效率。一台 WK-75 一小时挖掘的煤炭，可发电 3600 万千瓦·时。WK-75 使用了多项先进技术，其中能量回馈式大功率交流变频驱动技术，能够把铲斗下降制动以及系统制动时产生的能量，转化为电能回馈给电网，从而达到节能的效果，堪称面向新世纪的绿色装备。

WK-75 的制造过程，也是对中国工程机械制造极限的挑战。资料显示，为了完成一台 WK-75 的焊接，需要使用 40 吨电焊条。WK-75 的底架梁长 9.4 米，宽 5.7 米，重 138 吨，回转平台长 11 米，宽 6 米，重 135 吨，要完成这些超大超重部件的机械加工，需要使用重型机床。

2022 年 11 月 10 日，第五届进博会山西展台，太原重型机械集团有限公司展示的
WK-75 型挖掘机模型

2013 年 7 月 28 日，中联重科 7 桥 7 节臂 101 米碳纤维臂架泵车进行施工首秀

5. 混凝土泵车

混凝土机械是中国工程机械产业中进步最快的门类之一，其中"最长臂架"混凝土泵车的研制是中国企业冲击世界前沿的标志性事件。

2007 年 1 月，三一重工推出首款 66 米臂架混凝土泵车，创造了该领域中国企业的第一个"世界之最"。2008 年 9 月，德国普茨迈斯特推出 70 米臂架泵车，打破了三一创造的纪录。但仅仅 4 个月后，2009 年 1 月，三一重工便以一台 72 米臂架泵车夺回了桂冠。

此后，这一舞台便被中国企业所垄断。2011 年 9 月，三一重工推出 86 米臂架泵车，刷新了自己的纪录。2012 年 9 月，中联重科采用碳纤维作为臂架材料，发布 101 米臂架泵车，成为最新世界纪录的保持者。

除了这些被媒体广为报道的成就之外，中国企业在铲运机械、桩工机械、筑养路机械等各个门类，都有上乘表现。许多产品已经能够与国外同行并驾齐驱，在具体的规格型号上各有所长，某些细分领域中创造出来的"世界之最"除专业人员之外，已经很难让社会公众感到惊讶。

二、夯实基础

一个产业能够达到的高度，取决于这个产业的基础。在不断冲击世界技术前沿的同时，中国工程机械产业也在努力地夯实基础。

长期以来，中国工程机械的发展都受制于基础材料和关键零部件的技术缺失。为了在国际竞争中立于不败之地，各家工程机械主机企业纷纷采取各种措施，建立材料和零部件配套体系。其中，有的企业选择了自主研发关键技术，有的企业则采取与配套企业合作的方式。新世纪以来，中国工程机械关键零部件和基础材料的研发与生产硕果累累。

1. 液压件的突破

液压件一向是中国工程机械的软肋，直至今日与国际先进水平相比仍有一定差距。但是，在过去的 20 年，中国工程机械液压件的发展已经取得了很大的成效，大多数产品不但能够满足国内工程机械企业的需要，还实现了向西方发达国家出口的突破。

液压技术的广泛应用是 20 世纪 50 年代以来工程机械行业的最大特征。液压传动替代机械传动，可以减轻工程机械的重量，增强工程机械的灵活性与适用性。作为工程机械中技术含量最高的部件，液压件的价值在工程机械中所占比重极高。在一台液压式挖掘机中，液压件的重量约占全机重量的 5%，但其价值却占到全机的 25%。

中国的液压件生产始于 20 世纪 50 年代，60 年代末至 70 年代中期开始全面发展。70 年代前期，一机部组织了对高压多路阀、高压液压阀、内曲线马达、工程缸、插装阀等液压件的技术攻关，一批液压件专业制造厂逐渐建立起来，年产液压件超过 100 万件。改革开放后，国家先后引进 40 余项液压技术，均得到消化吸收。到 20 世纪 90 年代末，全国拥有液压产品 1200 余个，规格 10000 多个，液压件年产量近 450 万件。

然而，由于很长一段时间国内企业存在"重主机、轻配套"的思想，中国的液压件产业发展并不顺利，与国际水平相比，存在着很大的差距。2000 年前后，全球液压件年产值约 200 亿美元，中国仅相当于全球产值的 1.7%，不到 4 亿美元。中国液压件的可靠性和使用寿命均只相当于发达国家同类产品的 1/3—1/2，泄漏量大、清洁度低、能耗高、噪声大等现象极其普遍。

21 世纪初，在国内挖掘机市场大发展时期，国产挖掘机使用的液压件却长期依赖进口，不但成本高昂，而且还存在供货周期长、售后服务差等问题，极大地限制了国产工程机械装备的发展。

中国工程机械要想走向全球，液压件的自主可控是不可绕开的环节。进入新世纪，各家工程机械主机企业纷纷倾注巨资研发液压件，决心要把这个关键零部件的技术牢牢地掌握在自己手上。

徐工集团下属液压件公司最早成立于 1975 年，拥有 40 多年的产业积淀。20 世纪 90 年代，徐州徐工液压件公司曾自主研发大型全地面起重机配套油缸并积累了长行程油缸设计的宝贵经验。伴随着徐工集团工程机械产品的成长，徐工液压件公司不断攻克技术难关，先后生产大型起重机油缸、大型挖掘机油缸、盾构机油缸等产品，并打入了国际市场。

2011 年，徐工集团斥资收购两家欧洲液压件企业——德国 FT 公司和荷兰 AMCA 公司，建立了徐工欧洲研发中心，进一步拓展了高端液压件制造能力，形成了包括液压油缸、液压系统、液压软硬管、液压阀、液压泵、液压马达等在内的全系列液压件研发体系。2020 年，徐工液压件公司年产液压缸 5.9 万只，附件 79 万件，实现工业总产值超 23 亿元。

2021 年 6 月 2 日，西安重装铜川煤矿机械有限公司总装车间，自主创新、生产制造的多种液压支架产品已完成生产组装，进入最后调控测试阶段

　　三一重工于 2005 年在湖南娄底建立了娄底市中兴液压件有限公司，专门从事液压油缸制造，是目前全球最大的液压油缸生产基地，产品包括工程机械上的主油缸、臂架油缸、输送缸、支腿油缸、摆阀油缸等。三一的混凝土泵送油缸采用高强度钢材，在相同设计负荷的条件下，比其他品牌轻 10%。其首创的自动退砼活塞技术，可以实现快速维修和更换主油缸密封件和砼活塞，深受国内外同行的青睐。用于 1.5 吨至 40 吨挖掘机上的高性能缓冲油缸，三一重工拥有自主知识产权，其中的断面贴合式缓冲装置，大幅提升了油缸的可靠性和工作效率。

　　除主机企业之外，国内液压件专业制造企业的表现也颇为不俗，这些企业中既包括榆次液压、中航力源、北京华德液压、蚌埠液力等老牌液压制造企业，也包括江苏恒立、浙江苏强格、江苏长龄、江苏耀坤、青岛力克川、意宁、赛克思、浙江高宇等在改革开放大潮中崛起的新兴企业。

　　以无锡恒立液压气动有限公司为例，其成立于 1990 年，创业之初只有 7 名员工，是一家微不足道的微型企业。恒立液压最初的产品是气动元件和一部分中低压油缸，主要为环卫车辆和港口机械配套。在进行了一段时间的技术积累之后，恒立液压将目光投向了挖掘机专用的高压油缸。而当时，这一产品几乎完全被国外厂商所垄断。

在三一、徐工、柳工、玉柴等国内主机厂商的支持下，恒立于 1999 年完成了高压油缸的开发，随后于 2005 年成立了江苏恒立高压油缸有限公司，实现专业化生产。2012 年，恒立成立了美国子公司和日本子公司，将产品推向国外。与此同时，恒立收购了具有 50 年液压件研发历史的上海立新液压有限公司，着手研发高精度伺服比例阀等高端产品。

2015 年 11 月，恒立与德国哈威集团建立全球战略合作关系，并购了哈威旗下的 InLine 公司，获得了高端液压泵阀的核心技术。2018 年，恒立又出资收购了日本株式会社服部精工，这是一家有着近 70 年高精密液压泵阀零部件生产经验的知名企业，从而一举解决了精密零件加工的难题。

2021 年，江苏恒立生产挖掘机专用油缸 85.19 万只，重型装备用非标油缸 16.91 万只，挖掘机用高压柱塞泵 24.71 万只，挖掘机用多路阀 21.21 万只，挖掘机用马达 8.56 万台，实现营业收入 93 亿元。

目前，中国工程机械液压件产业正以超常规的速度迅猛发展，不断填补空白，以追求实现在这个领域的完全自主可控。

2022 年 10 月 4 日，河北石家庄，冀中装备石煤机公司装配车间，工人正在进行锚杆作业车液压系统电气线路组装

2. 钢材研发

材料技术的突破，也是新时期中国工程机械产业发展的一大亮点。

工程机械的工作环境与工作模式对高强度钢材提出了苛刻的要求。其中，工程机械的车架等一般结构件，由于需要承受一定的工作压力且户外工作环境中容易发生车辆撞击、岩石撞击等事故，钢材强度要求达到 400 兆帕以上。履带式工程机械要在崎岖的作业现场行走，且机械自身重量可能重达数十吨乃至数百吨，对履带板的强度要求更高，其钢材强度需要达到 600 兆帕以上。大型起重机、大型挖掘机的工作臂作为主要的受力部件，需要使用 700 兆帕级的高强度钢材。挖掘、钻探类机械的铲斗、钻头等需要使用 800 兆帕以上的钢材，且需要通过热处理提高钢材的耐磨性能。

改革开放之初，我国只能生产屈服强度在 400 兆帕以下的钢材，这也是我国工程机械品质低于国外同类产品的重要原因之一。在过去的 40 年中，工程机械企业与钢铁冶炼企业紧密协作，先后开发出 600、700、800、1000 兆帕及以上的多个级别高强度工程机械用钢。

目前，宝钢、武钢、鞍钢、济钢、舞钢、湘钢等国内主干钢铁企业已经能够批量提供屈服强度在 460 兆帕至 960 兆帕的钢材，板材厚度在 4 毫米至 16 毫米及以上，可以满足各类工程机械的需要。

大型混凝土泵车的支臂最长可以达到近百米，为了减轻自身重量，只能使用4毫米级别的钢材，但同时，它又要能够支撑起混凝土管道的重量，所以企业只能在钢材强度上做文章。三一重工投入资金，历时两年时间开发出屈服强度在1400兆帕以上的钢材，并以该钢材作为基板进行热处理，获得了最高强度1800兆帕的钢材。

工程机械中使用的钢材种类繁多，用于结构件制造的钢材除要求有高强度之外，还需要具备良好的焊接性能，而制造工程机械齿轮用的钢材则要求更多地考虑机械加工特性。20世纪80年代中期，我国先后从美、法、英、日、意等国引进若干个齿轮钢品种并进行国产化试制，取得了一定成效。进入新世纪之后，包括莱芜钢铁集团公司、石家庄钢铁公司在内的一批特钢企业陆续开发和改进了MnCr系、MnCrB系低碳微合金齿轮钢，CrMo系、CrNiMo系重载齿轮钢，在钢种的高纯净、长寿命、窄淬透性、易切削性、精密锻造性等方面均有良好表现。

此外，诸如高强度高韧性球墨铸铁的开发与应用，为工程机械功能部件和支架类零件的壳体制造提供了新的选择。

2018 年 5 月 23 日，湖南华菱涟源钢铁有限公司 2250 热轧板厂钢材生产场景

3. 其他配套件的发展

工程机械类型众多，为了适应不同的工程建设场景，同一种工程机械也需要采用不同的设计，这使得工程机械配套件的种类更是千差万别。

在浙江宁波，有一家名叫宁波浙东精密铸造有限公司的企业，其生产的主要产品是镶嵌在挖掘机铲斗前面的一个耐磨件，业内的名称叫作斗齿。斗齿的体积不大，看上去也毫不起眼，它的制造难度在于需要有极高的硬度和耐磨性，以保证能够"啃"下坚硬的岩石并且在成千上万次与砾石的摩擦中不会磨损。

创建于 1995 年的浙东精密，起初只是一家小型家庭作坊，但它从一开始便将技术创新作为公司获得竞争力的关键。在 2001 年之前，它每年的研发经费占销售额的 3%，2001 年之后更是增长到了 5% 以上。它还在国内高校、科研院所的支持下，建立了省级耐磨材料技术研究开发中心和业内唯一的博士后科研工作站。其研制的微合金马氏体耐磨铸钢、新型含硼齿轮钢等材料均达到了国际先进水平。

2018 年 11 月 29 日，上海，中国国际工程机械、建材机械、矿山机械、工程车辆及设备博览会，三一集团旗下的杭州力龙液压展示液压产品

2010 年，在澳大利亚力拓等全球三大矿业巨头的挖掘机斗齿招标中，首次参加投标的浙东精密与包括美国 ESCO 公司在内的几家国际知名企业同台竞技，力压群雄，赢得了价值 2000 万美元的一年期供货合同。

工程机械主机企业在零配件研发方面的投入也十分巨大。三一重工先后成立了 10 多家零部件公司，累计投入超过了 70 亿元。在每年的销售收入中，三一重工要拿出 5% 左右用于技术研发。通过自主创新和协同创新，三一重工成功研制出了工程机械专用底盘、发动机、高强度钢、控制器、油缸、泵、阀、马达等关键零部件，基本实现了全产业链自主可控。

其中，湖南三一智能控制设备有限公司制造的 SYMC 控制器，是国内首款具有完全自主知识产权的工程机械专用控制器，也是业内运算速度最快的控制器，每秒运算达到 200 万次。昆山三一动力研发的非道路 T4 发动机、道路 D13 国六发动机于 2011 年 5 月立项，目前已经研发成功，并广泛应用于三一重工的工程机械。三一重工开发的大型重载回转轴承，采用先进的环锻工艺和高精密齿轮加工技术，在混凝土机械、挖掘机械、起重机械等工程机械上使用，极大地提高了设备的质量。

2022 年 7 月 11 日，太原重型机械集团有限公司
生产车间的机械零部件

三、借船出海

中国工程机械企业的飞速进步，得益于中国市场提供的广阔空间，同样也得益于广泛的国际合作与海外市场的开拓。通过并购外国老牌工程机械企业以实现跨越式发展的方式，被各家工程机械企业广泛采用。其中最典型的案例，包括三一重工收购德国普茨迈斯特、柳工收购 HSW、中联重科收购意大利 CIFA 以及徐工收购德国施维英。

1. 三一重工收购普茨迈斯特

三一重工对德国老牌工程机械企业普茨迈斯特的收购，颇有传奇色彩。

普茨迈斯特成立于 1958 年，创始人施勒赫特当时只有 25 岁，是一位刚刚硕士毕业的工程师。它的第一个产品便是灰浆机，此后一直致力于灰浆、混凝土机械的制造，曾多年蝉联全球混凝土机械销售额第一的宝座。因其产品以"大象"为品牌，且混凝土泵车的外观也确如一头高昂起鼻子的大象，因此普茨迈斯特也拥有了"大象"的美称。

三一重工生产的 SRSC4535 型正面吊在德国杜伊斯堡作业

在普茨迈斯特面前，1994 年才开始进入混凝土机械领域的三一重工像是一只不起眼的"蚂蚁"，没有人能够想到，这只"蚂蚁"仅仅用了 18 年时间便完成了逆袭，彻底击败"大象"，并把"大象"吞入了自己的腹中。

2009 年，三一重工的全球市场销量首次超过普茨迈斯特。次年，三一重工的销售额也超过了普茨迈斯特。

2012 年 1 月 30 日，三一重工正式发布公告，称旗下控股公司三一德国有限公司与中信产业投资基金（香港）顾问有限公司共同出资 3.6 亿欧元，收购了普茨迈斯特 100% 的股权，其中三一德国占股 90%，中信产业投资基金占股 10%。

三一重工对普茨迈斯特的收购，可以称得上是强强联合。普茨迈斯特拥有丰富的国际运营管理经验和国际营销与服务能力。借助普茨迈斯特所拥有的营销体系，三一实现了在国际混凝土机械制造领域的突破。

2. 柳工收购 HSW

2011 年 1 月 18 日，在中国工业和信息化部官员及波兰国库部官员的共同见证下，广西柳工机械股份有限公司董事长王晓华与波兰 HSW 公司总裁克里斯托弗·特洛菲尼亚克共同签署协议，宣布柳工收购 HSW 旗下的工程机械事业部，这是中国工程机械企业又一次大型的跨国并购。

成立于 1937 年的 HSW 公司一度是中欧最大的工程机械制造商之一，在推土机、吊管机、轮式装载机、履带式装载机、挖掘装载机等方面有着深厚的积累，产品行销全球 80 余个国家。HSW 工程机械事业部，拥有 74 至 515 马力全系列推土机产品线，号称全球推土机产品线最完整的三家著名制造商之一。通过收购，柳工不但能够直接获得 HSW 公司在推土机方面的全部知识产权和商标，还打开了通往欧洲乃至全球市场的大门，加快了中国工程机械企业"走出去"的步伐。

3. 中联重科收购 CIFA

意大利 CIFA 公司成立于 1928 年，总部位于意大利塞纳哥，是欧洲一家领先的混凝土设备制造商。2007 年，CIFA 的销售额达到 3 亿欧元，是欧美排名第二的泵送机械制造商，也是欧美排名第三的混凝土搅拌运输车制造商。

2008 年 9 月，中联重科联合金融投资机构弘毅投资、高盛、曼达林基金，以现金方式完成了对 CIFA 公司的全额收购。2012 年，中联重科回购几家基金手里所拥有的 CIFA 公司 40.68% 的股权，从而成为 CIFA 唯一的东家。

通过对 CIFA 的收购，原本便是以混凝土机械起家的中联重科一跃成为全球最大的混凝土机械制造企业，业务拓展到了全球六大洲。

对 CIFA 的收购，并不是中联重科唯一的涉外并购，在工程机械行业中，中联重科是以并购而著称的。

1968 年意大利 CIFA 公司研发生产的世界第一台混凝土泵车

意大利 CIFA 公司办公楼

中联重科的海外并购历程始于 2001 年 11 月对英国保路捷公司的整体收购。保路捷公司成立于 1972 年，是全球闻名的非开挖工程机械制造商。通过收购保路捷，中联重科一举踏入了非开挖工程机械的市场。

2013 年 12 月，中联重科收购德国 M-TEC 公司。这是一家有着 30 多年历史的干混砂浆设备生产企业，不但拥有干混砂浆设备制造技术，而且拥有大量独家的砂浆配方。中联重科通过消化这些配方，形成了具有全球竞争力的干混砂浆业务板块。

2014 年 8 月，中联重科与荷兰 Raxtar 公司签署合作协议，收购 Raxtar 公司 35% 的股权。Raxtar 公司是一家研发与生产高端升降机的企业，产品覆盖施工升降机、传输平台、货梯、工业电梯等领域，有很强的技术实力。

2018 年，中联重科收购德国威尔伯特（WILBERT）公司 100% 股权，进入了欧洲高端塔机市场。威尔伯特是一家有着 80 余年历史的老牌企业，主要从事变幅式动臂塔机制造和租赁，其高端起重机在欧洲的市场占有率为第一。

4. 徐工集团收购施维英

德国施维英公司成立于 1934 年，是全球著名的混凝土成套设备制造商，不但拥有先进的工程机械技术，而且拥有在德国、美国、奥地利、印度、巴西等多个国家和地区的生产基地以及遍布全球 100 余个国家的代理商体系。

2012 年 4 月，历经一年多的谈判，徐工集团收购德国施维英公司的协议正式签署。通过收购施维英，徐工集团迅速获得了在全球的销售与服务体系，加快了走向世界的步伐。

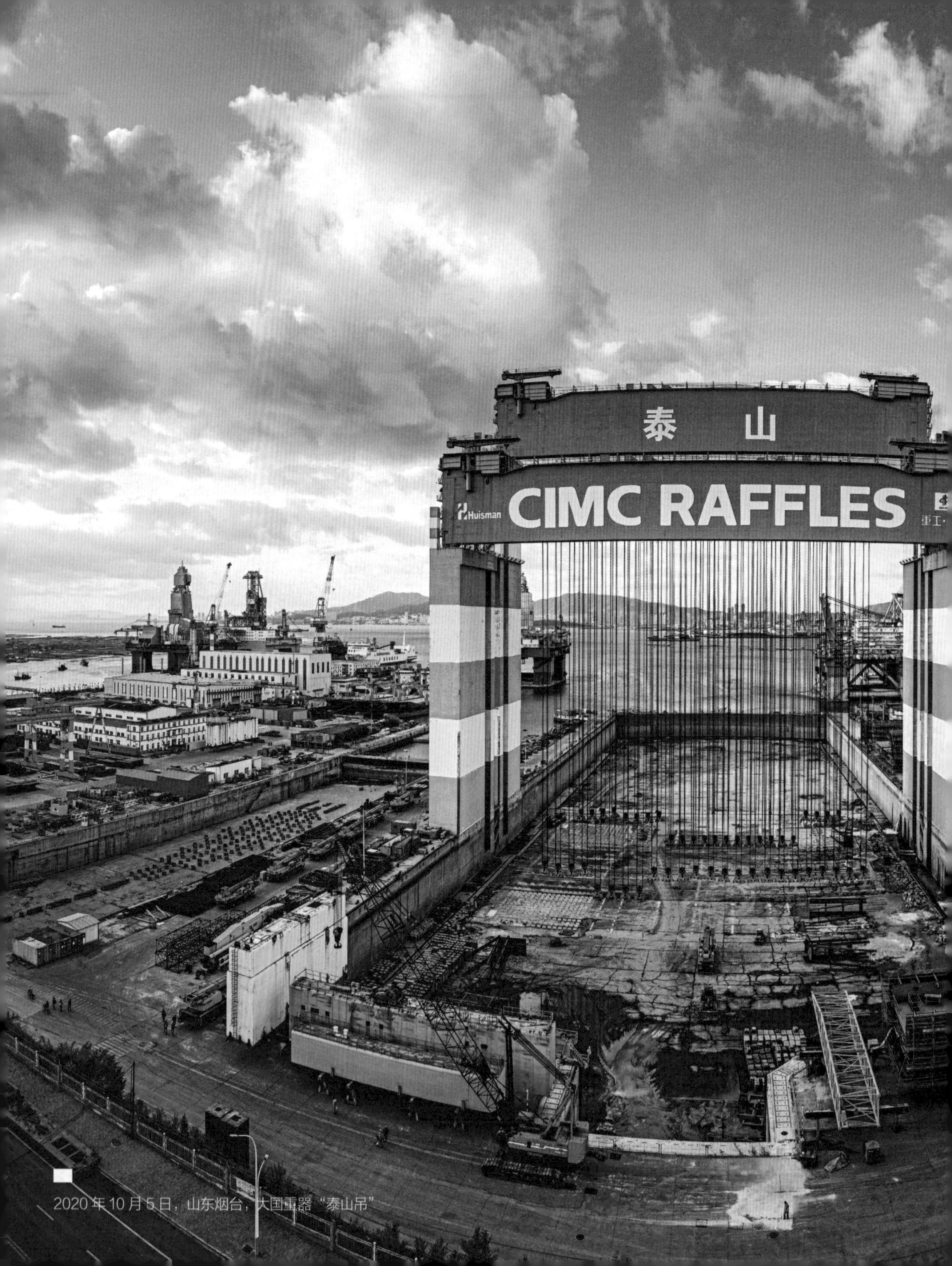

泰　山

CIMC RAFFLES

2020 年 10 月 5 日，山东烟台，大国重器"泰山吊"

施维英是被
中国工程机械企业收购的
第三家欧美混凝土机械制造企业，
施维英被收购后，
欧美国家在混凝土机械领域
再无大型企业，
中国几乎垄断了全球的
混凝土机械市场。

第十章

风景这边独好

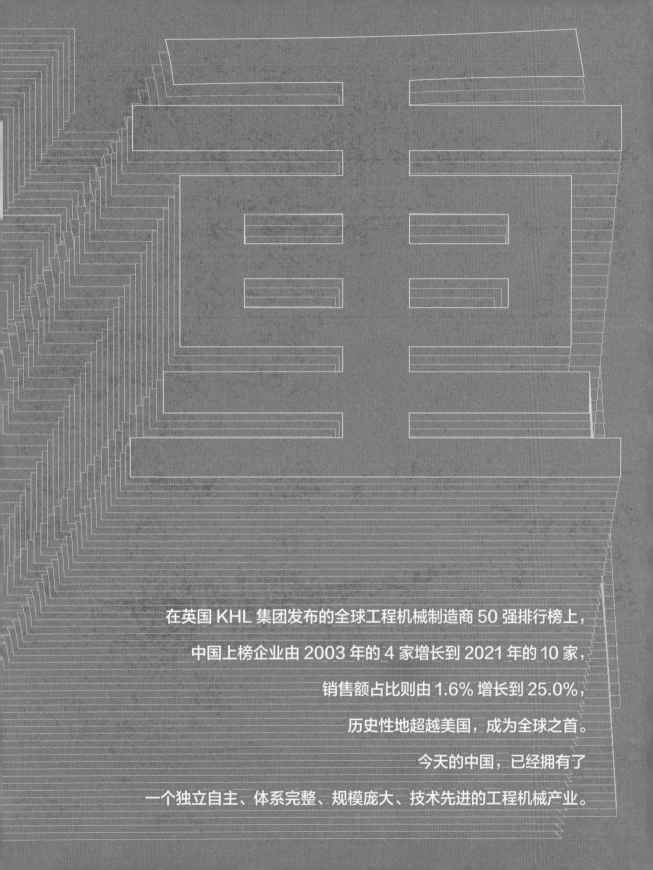

在英国 KHL 集团发布的全球工程机械制造商 50 强排行榜上，

中国上榜企业由 2003 年的 4 家增长到 2021 年的 10 家，

销售额占比则由 1.6% 增长到 25.0%，

历史性地超越美国，成为全球之首。

今天的中国，已经拥有了

一个独立自主、体系完整、规模庞大、技术先进的工程机械产业。

2021 年 5 月 19 日，2021 长沙国际工程机械展览会，
参展的湖南工程机械装备在夜色中流光溢彩

一、"黄表"的变迁

成立于 1989 年的英国 KHL 集团是一家专门从事建筑业出版、信息咨询和数据服务的公司。2003 年，KHL 首次发布全球工程机械企业 50 强排行榜，命名为"黄表"（Yellow Table）。此后，KHL 每年都会发布新的一期"黄表"，用于总结此前一年全球工程机械产业的发展，该榜单也逐渐成为全球工程机械行业的晴雨表。

通过观察"黄表"的变迁，我们可以真切地感受到中国工程机械产业在世界舞台上崛起的历程。

在 2003 年的排行榜上，中国共有 4 家企业上榜，其全球销售额的总和为 8.37亿美元，在 50 强企业的总销售额中占比仅为 1.6%，排在美国、日本、瑞典、德国、芬兰、英国、法国、韩国之后。而当年排名第一的美国卡特彼勒公司销售额为 119.75 亿美元，相当于中国上榜企业之和的 14 倍多。

在随后的 10 多年中，中国工程机械企业在 50 强排行榜中的位置在波动中不断上升，上榜企业数量不断增加，上榜企业销售额占 50 强总销售额的比重随之提高。2021 年，中国上榜企业销售额占比达到 25%，历史性地超越美国，成为全球之首。其中，徐工、三一和中联重科三家企业分居排行榜的第 3、4、5 位，销售额合计 390 亿美元，占 50 强企业总销售额的 20.3%，相当于卡特彼勒的 1.6 倍。

全球工程机械企业50强总销售额中国企业所占比重（单位：%）

2022 ● 24.2
2021 ● 25.0
2020 ● 17.7
2019 ● 16.0
2018 ● 14.0
2017 ● 11.5
2016 ● 10.6
2015 ● 13.3
2014 ● 14.4
2013 ● 15.0
2012 ● 16.9
2011 ● 15.0
2010 ● 12.2
2009 ● 6.7
2008 ● 4.9
2007 ● 6.5
2006 ● 2.6
2005 ● 2.7
2004 ● 2.9
2003 ● 1.6

0　　　5　　　10　　　15　　　20　　　25

2022 年，中国工程机械上榜企业销售额总和占比 24.2%，仍居世界首位。

从中国上榜企业所占位次的示意图中，我们也可以清晰地看到中国工程机械企业不断进取的脚步。

在 2003 年的榜单上，上榜的中国企业只有 4 家，其中排名位次最高的为第 29 位。2007 年，中国企业首次闯进前 20 强，上榜企业也达到了 7 家；2010 年，中国企业闯进前 10 强，上榜企业 9 家；2011 年，有 3 家中国企业闯进了前 10 强，上榜企业也达到了 10 家。

在随后几年中，中国企业的位次不断波动，至 2021 年，徐工、三一、中联重科占据了前 5 强中的第 3、4、5 三个位次，形成了不容忽视的"中国军团"。

2022 年的榜单上，中国共有 10 家企业上榜，它们分别是：徐工集团（第 3 位）、三一重工（第 4 位）、中联重科（第 7 位）、柳工（第 15 位）、中国龙工（第 27 位）、山河智能（第 32 位）、山推（第 33 位）、铁建重工（第 36 位）、浙江鼎力（第 40 位）、福田雷沃（第 42 位）。

这些企业生产的产品涵盖了挖掘机、装载机、起重机、筑养路机械、桩工机械、隧道掘进机、混凝土机械、装修与高空平台机械等工程机械的各个领域，显示出中国工程机械已经实现了全行业各产品领域的全面崛起。

中国工程机械企业在全球50强排行榜中的位次（2003—2022年）

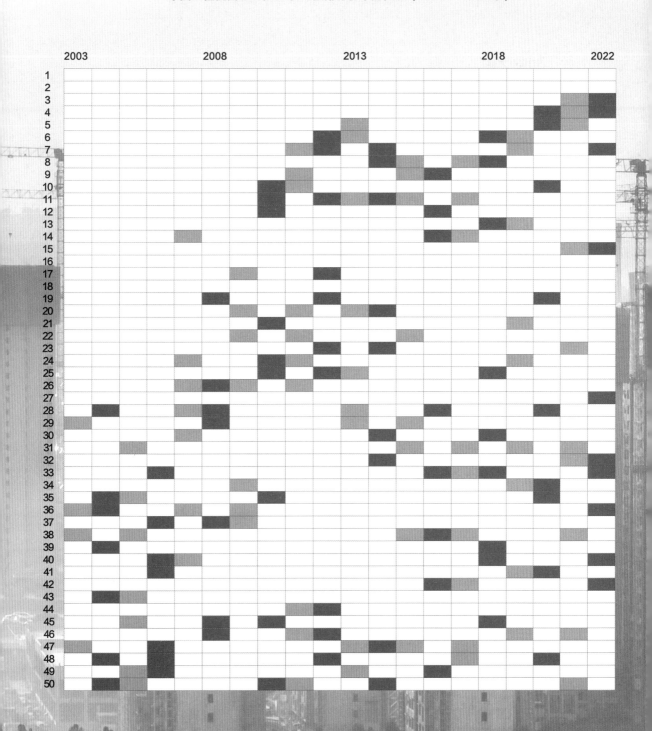

二、堂堂之阵

2021 年，中国工程机械产业实现营业收入超过 9000 亿元。历经 70 余年的发展，今天的中国工程机械产业，已成为体系完整、规模庞大、技术领先的堂堂之阵。

1. 挖掘机械

根据中国工程机械工业协会挖掘机械分会的调研数据，截至 2020 年底，中国境内共有挖掘机械生产厂商 35 家。其中，纳入协会统计的 25 家主机制造企业，2020 年共销售液压挖掘机 327605 台，国产品牌与日系、欧美、韩系品牌的占比分别为 70.7%、7.5%、13.5% 和 8.3%。

如果扣除出口份额，仅统计国内市场销量，则国产品牌的占有率为 72.2%。国内市场销量的前 4 位均为国产品牌，分别为三一（8.1 万台）、徐工（4.9 万台）、山东临工（2.7 万台）、柳工（2.4 万台）。

中国的液压挖掘机已经涵盖了从 1 吨到 700 吨的整条产品线，能够满足不同工程环境的需要。在挖掘机品种分布方面，履带式挖掘机占据了绝大多数份额，此外还有轮式挖掘机和步履式挖掘机，可适应特殊工程要求。

2018 年 11 月 27 日，上海，中国国际工程机械、建材机械、矿山机械、工程车辆及设备博览会，徐工 XE950DH 矿用挖掘机

2015 年 9 月 18 日，在黑龙江加格达奇翠峰林场，被称为"蜘蛛侠"的 ET111 步履式山地挖掘机亮相，该装备由徐工制造，主要用于火场开设隔离带，清除火场倒木、站杆等

步履式挖掘机

步履式挖掘机外观看上去与轮式挖掘机相仿，但支撑轮子的四个支脚却带有独立的控制装置，能够在液压缸的驱动下运动和调整姿态。这样的设计使步履式挖掘机能够如山羊一样在崎岖不平的山体上自动移动。在窄小的工作现场，履带式挖掘机或轮式挖掘机受到行走装置占地面积大的影响，往往难以活动，而步履式挖掘机却能够腾挪自如。

步履式挖掘机的这些特性，使它具备了全地形作业的能力，尤其适合在道路状况恶劣的野外从事挖掘作业，它也因此得到了军队的青睐。

2. 铲运机械

2020 年，纳入中国工程机械工业协会铲土运输机械分会统计的各类装载机销量为 131176 台，其中出口 24604 台，约占总销量的 18.76%。装载机销量排名靠前的企业包括中国龙工（2.9 万台）、山东临工（2.9 万台）、柳工（2.5 万台）、徐工（1.9 万台），四家头部企业的装载机总销量约占到了全国总销量的 3/4。

在装载机品种分布中，轮式装载机是绝对的主流，而其中，又以 5 吨级装载机占比最大，达到约 2/3 的份额。随着环保要求的进一步提高，各家企业都推出了纯电动装载机产品，虽然目前销量有限，但业内对其寄予了很高的期望。

中图：2018 年 7 月 9 日，河北张家口，河钢集团宣工公司即将出厂的推土机

右图：山河智能 SWTL4538 滑移装载机

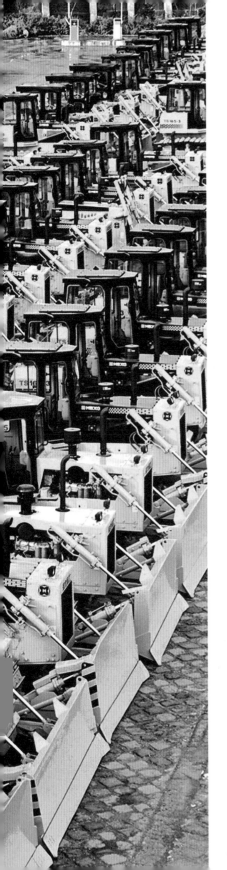

2020 年推土机销售 5907 台，其中出口 1674 台，约占总销量的 28.34%。推土机销量排名第一的是山推股份，全年销售 3867 台，在整个推土机市场上三分天下取其二。销量排名其次的国产品牌包括柳工（736 台）和天津移山（311 台）。

目前，国内最大功率推土机由山推研制，为山推在 2012 年推出的 900 马力 SD90-5 推土机，该产品从工艺设计到关键零部件制造，均采用了完全自主技术。它的问世，结束了国外品牌对超大功率推土机的垄断。

3. 起重机械

2021 年 11 月，国际起重机械杂志 *International Crane* 发布了国际起重机械制造商 20 强排行榜，此前蝉联榜首的德国利勃海尔公司跌落到了第三位，榜单上的前两位均为中国企业。

徐工集团起重机械以 56.6 亿美元的年销售额成为新的全球冠军，中联重科以 54.5 亿美元位居榜眼。进入榜单前 10 名的中国企业还包括第 5 名振华港机和第 6 名三一重工。不考虑港口机械这样一个特殊门类，国内工程起重机和建筑起重机的市场前三名分别为徐工集团、中联重科、三一重工。

2020 年，全球量产最大吨位全地面起重机 ZAT18000H753 诞生

　　中国迄今为止起重吨位最大的工程起重机为三一重工的 SCC98000TM 履带式起重机，双臂工况起重重量为 4500 吨，起重力矩 98000 吨·米，位居全球首位。中联重科于 2020 年发布了全球量产的最大吨位全地面起重机 ZAT18000H753，可用于风电吊装等野外作业环境。徐工集团作为国内最早生产起重机的企业之一，在起重机制造方面拥有雄厚实力，截至 2020 年 3 月 25 日，徐工累计制造了 20 万台轮胎式起重机。

　　建筑起重机方面，由《中国工程机械》杂志评选的 2021 年全球塔式起重机制造商 10 强排行榜中，中国有三家企业上榜，其中中联重科位居榜首，徐工排名第二，永茂控股排名第六。在这一榜单上位居第三名和第四名的法国波坦公司和德国利勃海尔公司，都是国际老牌塔机制造商，中国曾在 20 世纪 80 年代从这两家公司引进塔机制造技术。如今，昔日的学生已经超越了老师。

中联重科塔机 D5200 建设马鞍山大桥

新世纪以来中国在桥梁建设和风电建设上的巨大投入，催生了一个"大塔时代"。2004年的苏通大桥建设中使用了3000吨·米级的MD3600塔机；2011年马鞍山大桥使用了5000吨·米级的D5200塔机；2021年中联重科12000吨·米级塔机W12000-450问世，并被应用于世界最大跨度公铁两用斜拉桥——常泰长江大桥的建设。

在过去的10年中，中联重科先后推出了全球最强抗风塔机、全球最长臂架塔机、全球最大吨位平头塔机、全球最大吨位上回转自升式塔机、全球最大吨位内爬式动臂塔机、全球最大风电动臂塔机等产品。

中联重科全球首台超万吨·米级塔机 W12000-450
助建常泰长江大桥

4. 工业车辆

2021 年，中国工业车辆销售再创新高，在纳入中国工程机械工业协会统计的企业中，2021 年机动工业车辆销售 110 万台，比 2020 年增长 37%，产销量连续 12 年位居世界首位。其中，2021 年全球叉车市场总销售 197 万台，中国叉车销售 79 万台，约占全球市场的 40%。

2021 年，中国出口机动工业车辆 31.6 万台，比 2020 年增长了 73.8%，反映出在疫情期间中国制造的强劲实力。2021 年中国机动工业车辆的出口范围覆盖全球 179 个国家和地区，其中亚洲 7.7 万台，欧洲 12.9 万台，美洲 8.7 万台。

杭叉、安徽合力、中国龙工、浙江中力、诺力、宁波如意等企业，是中国机动工业车辆行业的代表性企业。

新能源与智能化正在成为工业车辆领域的新方向，2021 年国内销售的锂电池叉车总量达到 33.3 万台，比 2020 年增长了 106%。借助在锂电池技术上的优势，比亚迪也正在进入叉车产业，并表现出了强劲的竞争力。叉车行业中的前两大品牌安徽合力和杭叉均已推出了氢能源叉车并进入了批量化商业应用。

2021 年 8 月 26 日，浙江杭州，青山湖科技城杭叉集团，
工人们正在新能源叉车生产线上组装叉车

5. 筑养路机械

筑养路机械包括沥青混合料搅拌设备、路面摊铺压实设备、底盘式公路养护作业车等，每一类设备中又包含了多个品种，例如粉料撒布车、沥青洒布车、稀浆封层车、防撞缓冲车、除雪车、道路绿化综合养护车、路面标线清除车等。其中，压路机是最重要的一个类别。

当前，中国已是全球压路机第一生产大国。2021 年，中国压路机销售19519 台，其中国内销售 14196 台，出口 5323 台。中国压路机行业的代表性企业包括徐工集团道路机械事业部、厦工（三明）重型机器、三一重工泵送事业部、广西柳工机械、中国龙工控股等。其中，徐工道路机械实力最为强大，2021 年首次进入了全球路面机械前三强。

中国的压路机产品系统齐全，包括液压单钢轮压路机、机械单钢轮压路机、双钢轮压路机、轻型压路机、轮胎压路机、静碾压路机等。其中，液压单钢轮压路机和机械单钢轮压路机是最主要的机型。此前，我国的压路机市场以机械单钢轮压路机为主，大约占总销量的 50%。近年来，技术含量更高的液压单钢轮压路机占比不断上升，目前已超过机械单钢轮压路机的份额。

中国压路机已开始进入智能化时代。2018 年，三一重工推出无人驾驶单钢轮压路机；2019 年，继续推出无人摊铺 + 无人压路成套智能设备，实现摊铺机械与压路机械的联合机群无人作业。2020 年，在浙江黄衢南高速公路上，三一实现了全球首例运营高速公路无人智能化集群施工。

2021 年 6 月 6 日，新疆阿勒泰地区福海县，S21 阿勒泰至乌鲁木齐高速公路（阿乌高速）福海段施工现场，徐工生产的大型摊铺机正在分段铺设底基层，为即将开始的沥青摊铺做准备

6. 凿岩机械

凿岩机械主要用于隧道和矿山掘进，包括液压式和气动式。其中，一些生产气动凿岩设备的企业同时也生产一些小型气动机具，用于机械工业中的钻孔、攻丝、锯割、螺栓坚固等作业，因此在工程机械的产业分类中，将凿岩机械与气动工具合并作为一个大类进行统计。

虽然我国已经全面掌握了硬岩掘进机的研发制造技术，但由于掘进机的使用还存在一些局限性，包括成本较高、缺乏灵活性等，对于一些短隧道开掘的施工要求，采用钻爆法比采用隧道挖掘机法更为方便经济，所以目前我国的铁路和公路隧道挖掘仍以钻爆法为主。

　　凿岩钻机是钻爆法施工的重要工具，液压凿岩机、多臂钻车、液压凿岩台车、大孔径高气压凿岩台车等在隧道和矿山施工中广泛应用，并已实现了产品的多样化和定制化，能够满足工程的不同需要。

　　我国凿岩机械行业的代表性企业包括铁建重工、中铁装备、徐工铁路装备、桂林桂冶机械及天水风动机械等。

上图：铁建重工 ZYS134 四臂凿岩台车

左图：铁建重工凿岩台车整齐排列

7. 桩工机械

中国的桩工机械产业已经形成了包括旋挖钻机、长螺旋钻孔机、地下连续墙液压抓斗、多轴钻孔机、桩架、桩锤、静压桩机、振冲器、工程钻机、全套管钻机、双轮铣槽机、TRD 工法机、成槽机等在内的全系列产品，2020 年行业产品销售规模达到 275 亿元。其中，主力机种旋挖钻机的新机销售 6520 台。

桩工机械行业的主力企业包括徐工基础工程机械、北京三一智造、中联重科桩工机械、山河智能、恒天九五重工、广西柳工机械、上海工程机械厂等。

正在陕西铜川施工的三一重工桩工机械

山河智能液压打桩机

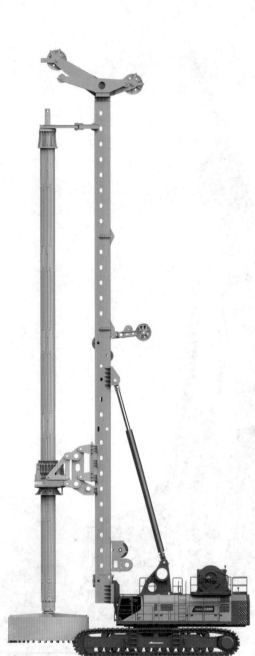

山河智能旋挖钻机

373

山河智能潜孔钻机

山河智能桩架

山河智能牙轮钻机

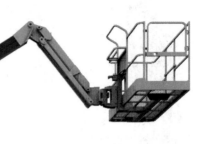

8. 高空作业机械

在工程机械大家族中，有一个分支，称为高空作业机械。长期以来，这个分支在中国的工程机械行业中几乎没有存在感，各类工程机械统计甚至没有给这类机械留出一席之地。

20 世纪 90 年代，中国高空作业机械开始形成。进入新世纪，这一产业的发展跃上新台阶。2020 年，据中国工程机械工业协会统计，主要高空作业机械企业共销售高处作业吊篮 11.6 万台、升降工作平台 10.4 万台、高空作业车 3315 台。其中出口量最大的为升降工作平台，全年出口 1.8 万余台，产品销往欧美、中东、东南亚等地区以及日本、韩国等国。

在高空作业机械行业中，一批具有国际竞争力的企业横空出世，并迅速成为全球领先的高空作业平台制造商。

山河智能曲臂式高空作业车

2022 年 5 月，英国 KHL 集团旗下世界知名高空作业平台杂志 *Access International* 发布"2021 全球高空作业平台制造企业 20 强"榜单（Access M20），中国有 5 家企业上榜，分别为浙江鼎力（第 3 名）、徐工（第 5 名）、临工重机（第 7 名）、中联重科（第 9 名）、星邦智能（第 11 名）。

成立于 2005 年的浙江鼎力机械股份有限公司，是众多年轻的中国工程机械企业的一员，从成立到跻身全球前三，它只用了短短 16 年时间。

2016 年，鼎力收购全球知名的高位伸缩臂叉装车企业——意大利 Magni 20% 的股权，并成立了意大利研发中心，踏上了海外并购扩张的道路；2017 年，鼎力收购美国 CMEC 25% 的股权，进入北美市场；2020 年，鼎力再度发力，收购全球蜘蛛式高空作业平台龙头企业德国 TEUPEN 公司 24% 的股权。

学贯中西，给鼎力带来了强大的市场竞争力。2021 年，鼎力实现销售收入 50 亿元，位居全球工程机械第 40 位与高空作业机械第 3 位。

湖南星邦智能的发展，很好地诠释了湖南工程机械产业集群带来的集聚效应。星邦智能成立于 2008 年，在短短几年时间内产品便打入了国际市场。目前，企业拥有自行直臂式、自行曲臂式、自行剪叉式、蜘蛛式、车载式、套筒式、桅柱式 7 大系列高空作业平台。2013 年，星邦智能首次进入 *Access International* 全球高空作业平台 M20 排行榜，排在全球第 22 位。2021 年，星邦智能实现销售收入 23.67 亿元人民币，折合 3.77 亿美元，位居 Access M20 第 11 位。

中联重科高空作业机械助力成都世界大运会场馆建设

9. 混凝土机械

中国是全球混凝土机械制造强国，各种混凝土机械产量位居世界之首。2020 年，纳入中国工程机械工业协会统计的中国混凝土机械行业主要企业销售混凝土搅拌站 12200 套、混凝土搅拌运输车 105243 台、混凝土泵车 11917 台、混凝土泵 7687 台。

中联重科、三一重工和徐工集团是中国混凝土机械行业中的代表性企业。

今天的中国，在工程机械产量、类别、产值等方面，都位居世界首位。一大批工程机械企业进入了全球工程机械 50 强，其研发水平、制造能力和营销能力均可与国外老牌工程机械企业一决高下。

三一重工 HBT8018C-5 混凝土拖泵

深中通道建设施工现场

会当凌绝顶，
一览众山小。
中国工程机械已然是堂堂之阵，
矗立于世界工程机械产业的巅峰，
风景这边独好。

第十一章

造世界最好的盾构

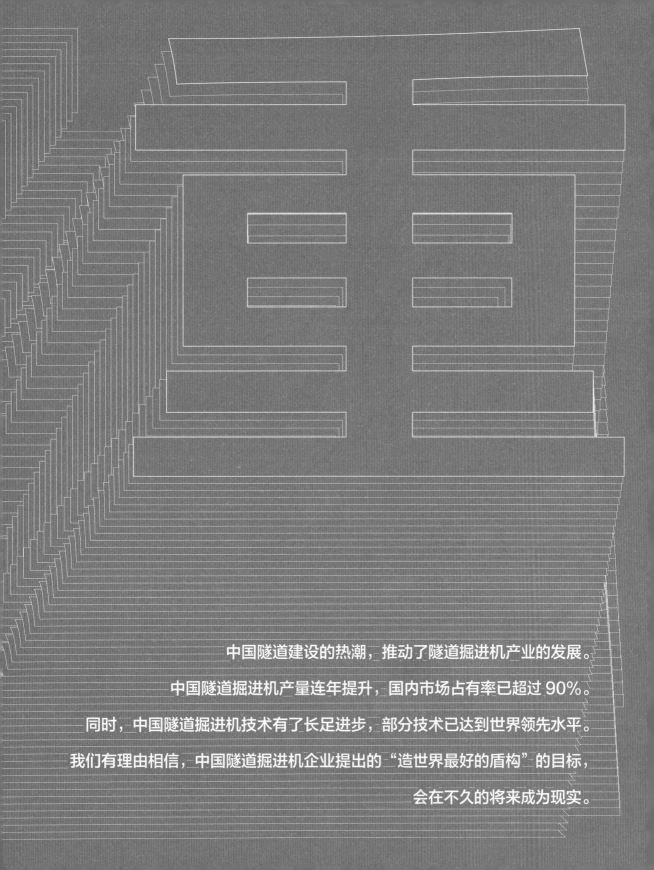

中国隧道建设的热潮，推动了隧道掘进机产业的发展。

中国隧道掘进机产量连年提升，国内市场占有率已超过 90%。

同时，中国隧道掘进机技术有了长足进步，部分技术已达到世界领先水平。

我们有理由相信，中国隧道掘进机企业提出的"造世界最好的盾构"的目标，

会在不久的将来成为现实。

铁建重工生产的"铁道兵号"盾构机在长沙下线

一、蓬勃发展

进入 21 世纪，中国开展了大规模的基础建设。其中公路与铁路隧道建设、地铁建设、水利工程隧洞建设以及城市地下综合管廊建设等，对盾构机和硬岩掘进机提出了巨大的需求，而这也给中国隧道掘进机产业的飞速发展创造了机遇。

在过去的十几年中，中国隧道掘进机研制经历了从无到有、由弱到强的历程。新世纪之初，国家"863 计划"提出"造中国人自己的盾构"的目标。时至今日，中国隧道掘进机产业非但实现了这个目标，而且达到了"造中国最好的盾构"的新要求。

2013 年 7 月 6 日，河南郑州，地铁施工中的盾构机

据中国工程机械工业协会的统计，2012 年，中国共生产全断面隧道掘进机 141 台，其中德国海瑞克和日本小松生产 35 台，余下为中国企业生产，国产品牌占 75.18%。2020 年，中国全断面隧道掘进机年产量为 655 台，其中外资品牌仅德国海瑞克一家，产量为 28 台，余下均为中国企业生产，国产品牌占 95.73%。

2020 年中国全断面隧道掘进机企业生产数量分布

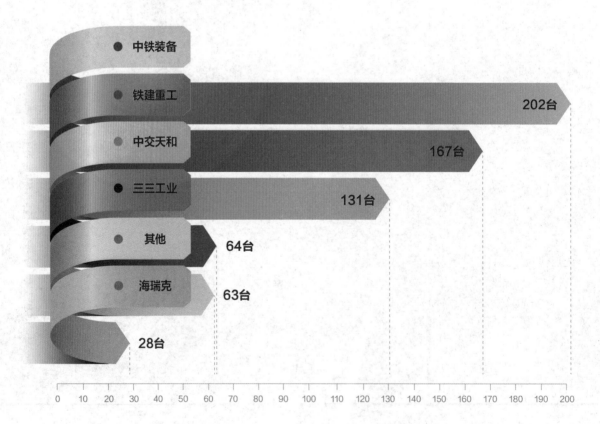

二、大家族

　　掌握自主技术的一大好处，就在于不再受制于人。有强大的工程机械制造企业作为后盾，中国建设企业可以根据实际需要，随心所欲地进行工程设计，不必担心无法获得所需的工程装备。盾构机和硬岩掘进机技术取得突破之后，中国的隧道工程进入了高速发展阶段，每年都有数以百计的国产隧道掘进机投入应用。各种"最大""最新"的产品层出不穷，把工程师们手中的蓝图变成现实。

1. 15 米以上超大直径泥水平衡盾构机

　　盾构机直径的增加，带来的是开掘断面面积的平方级增长。由于接触面增加，盾构机刀盘所承受的力量也呈平方级增加，从而给盾构机的动力系统带来新的挑战。中国在 15 米以上超大直径泥水平衡盾构机方面的进展，反映出中国盾构机技术水平的快速提升。

　　2017 年 10 月 26 日，中铁装备推出直径 15.03 米泥水平衡盾构机，这是当时国内自主设计制造的最大直径泥水平衡盾构机。这台盾构机全长上百米，重4000 吨，用于汕头海湾隧道项目。专家们在对这台盾构机进行鉴定时，不吝赞美之词，称其成功破解了我国在大直径复合泥水平衡盾构机技术方面受制于人的难题。

　　仅仅不到一年，"最大直径泥水平衡盾构机"的纪录就被刷新了。2018年9月29日，中铁装备推出直径15.8米的"春风号"盾构机，用于深圳市春风隧道工程。

　　2020年9月27日，铁建重工宣布直径16.07米的"京华号"盾构机下线，再次刷新了这项纪录。两天后，中交天和宣布同一直径的"长城号"盾构机下线，与"京华号"并列国内最大直径泥水平衡盾构机第一。随后，"长城号"更名为"运河号"，与"京华号"共同抵达北京东六环（京哈高速—潞苑北大街）改造工程，沿东西两线分别始发。2022年7月，北京报道"京华号"完成掘进超过2000环，"运河号"完成1800环，实现掘进任务过半。

2018年9月29日，直径15.8米的"春风号"盾构机在郑州下线

2020 年 11 月 6 日，"京华号"刀盘在北京东六环
改造工程现场完成组装

2. 超小直径盾构机

直径在4.5米以下的盾构机被称为超小直径盾构机，一般用于市政管线、排水管道等建设。由于体积小，对于设备安装的要求更高，因此超小直径盾构机的研制，同样反映出了盾构机技术的水平。

2019年5月，韩国光阳—丽水电缆隧道工程中，一台"迷你"式盾构机吸引了施工人员的注意力。与其他直径10米以上，相当于三层楼高的盾构机相比，这台由铁建重工研制的直径3.62米的盾构机显得十分娇小。

然而，小身材并不意味着没有大能力。这台国产最小直径硬岩泥水平衡盾构机配置了高效破岩技术、高承压密封系统、超低净空管片调运系统、侧边卷盘式管路延伸系统等核心部件系统，能够在岩石抗压强度超过260兆帕、最大水压900帕的施工环境中使用。在14个月的施工中，这台盾构机最高日进尺13.2米，最高月进尺277米，提前3个月完成了掘进工作，设备完好率达到98%。

2019年4月10日，出口韩国的盾构机在长沙生产制造，用于韩国光阳—丽水电缆隧道工程

3. 异形断面盾构机

传统盾构机采用的是圆形刀盘，整体旋转，完成掘进面的切削。然而，对于道路交通隧道而言，实际的隧道断面并非圆形，而是以矩形、马蹄形或拱形为多。采用圆形断面盾构机开挖，会出现多余的空间，不仅浪费盾构机的挖掘能力，而且多余空间还需要进行事后填补，增加了建设成本。

中国盾构机企业在掌握了传统盾构机的关键技术之后，马不停蹄地向着异形断面盾构机发起了冲击，并引领了世界潮流。

2015 年 11 月，由上海隧道工程股份有限公司研制的"阳明号"土压平衡类矩形盾构机在宁波轨道交通 3 号线一期工程始发。这是全球首台超大断面类矩形盾构，由同一平面相交的 2 个 X 形圆形大刀盘和后置偏心多轴刀盘组合而成，作业形成的隧道断面是一个宽 11.83 米、高 7.27 米的类矩形。在异形刀盘切削系统、推进系统等方面，"阳明号"拥有多项自主核心技术。

2016 年 7 月，中铁装备推出全球首台大断面马蹄形盾构机"蒙华号"，用于浩吉铁路白城隧道的挖掘。该盾构机的刀盘呈倒 U 形，状如马蹄，因此得名。整个刀盘由 9 个小刀盘组成，开挖断面尺寸宽 11.90 米、高 10.95 米。马蹄形盾构机攻克了全断面多刀盘联合分步开挖技术及适应性技术、超大断面马蹄形管片拼装技术、密闭加压可变容积液压泵源技术等关键难点，是诸多创新技术的集大成之作。

2019 年 10 月 22 日，国内首台永磁驱动矩形顶管机在铁建重工生产制造

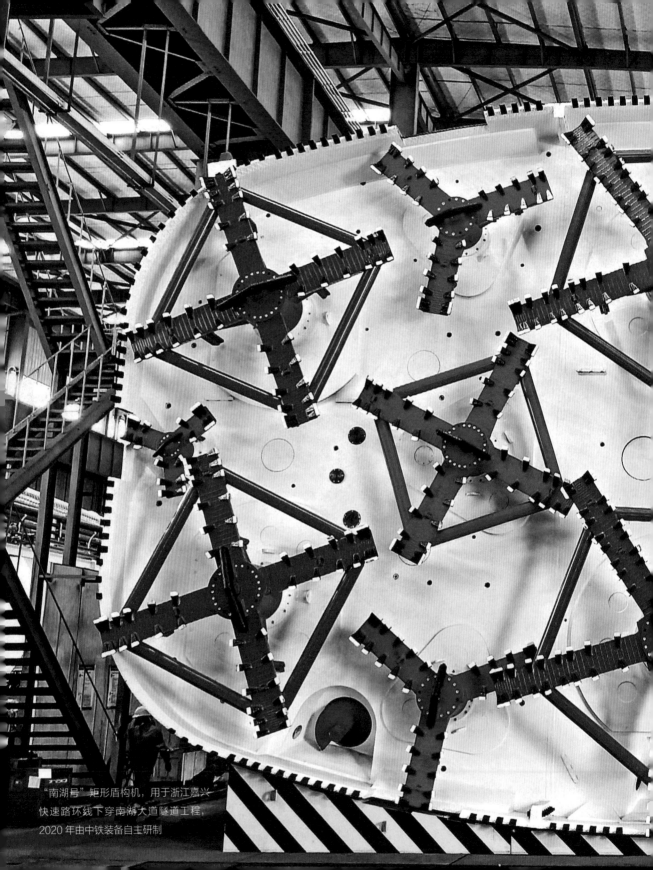

"南湖号"矩形盾构机，用于浙江嘉兴
快速路环线下穿南湖大道隧道工程，
2020 年由中铁装备自主研制

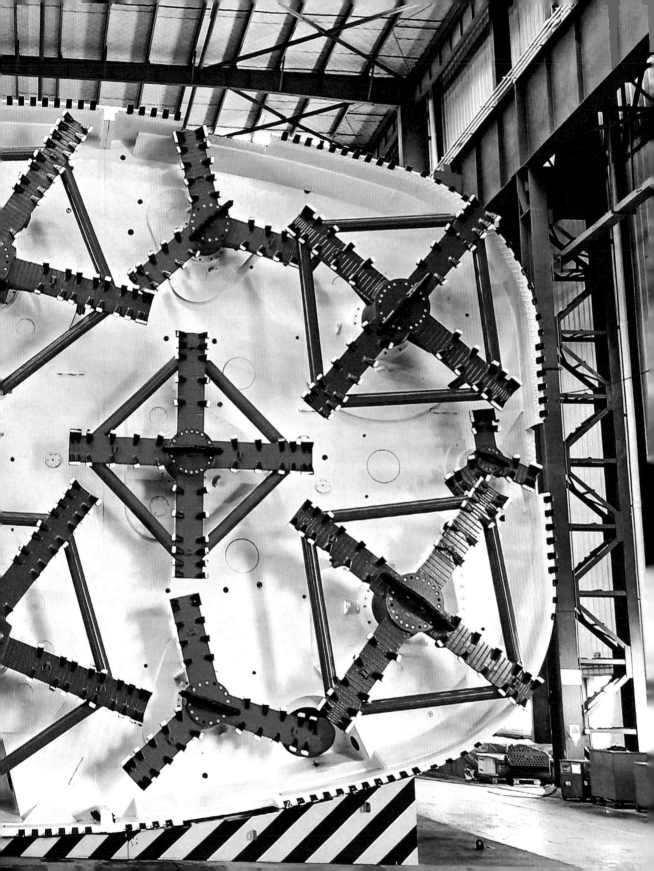

4. 大直径硬岩掘进机

2021 年 9 月 14 日，川藏铁路林芝项目工地，一条总长 245 米、重量约 2500 吨的钢铁长龙缓缓起动，向着雪山腹部挺进。这台名叫"雪域先锋号"的硬岩掘进机刀盘直径 10.33 米，由中铁装备自主研制，是世界首台双结构硬岩掘进机。

该项目开挖的隧道全长 38 公里，最大埋深 1696 米，途经 12 条断层带，沿途存在着高烈度地震、高地温等地质风险，岩石最高强度达到 196 兆帕。所有这些都成为隧道施工和掘进机研制的重大难题。"雪域先锋号"的建成使用，标志着我国在高原高寒大直径硬岩掘进机的研制上又取得重大突破。

2021 年 6 月 17 日，国产首台高原高寒大直径硬岩掘进机
"雪域先锋号"在中铁装备下线

5. 竖向掘进机

与"雪域先锋号"长达 38 公里的掘进距离不同，在天山深处，一台掘进距离仅 800 米的掘进机也吸引了媒体的眼球。2021 年 12 月 12 日，由中交天和自主研发制造的"首创号"硬岩竖向掘进机在天山深处始发。这台掘进机刀盘直径 11.4 米，全长仅 24 米，总重量 1100 吨。它之所以引人注目，在于它承担的任务是在高寒、高海拔地区进行竖向掘进，这也是我国首台超大直径竖向掘进机。

此前，大直径竖井的开挖，基本都是采用分级扩挖的方法，"首创号"采用竖向掘进方法，能够实现超大直径竖井的一次成型，这种方法在国内尚属首例。通过采用掘、排、支相结合的全新钻井工艺，能够实现掘进的无人化操作，改善作业人员的工作环境，并且避免了传统钻爆法施工对于岩层和外界自然环境的破坏。

中铁装备研制的 SBM 竖井掘进机，设计以传统竖井施工技术为基础，结合隧道掘进机技术、物料垂直提升技术提出全断面竖井掘进机设计理念。设备采用刀盘开挖，刮板机清碴，斗式提升机提碴，储碴仓储碴，最终由吊桶装碴，提升机提升出井，集成了开挖掘进系统、清碴出碴系统、井壁支护系统、通风系统

三、技术突破

从走上隧道掘进机这个舞台起，中国就没有甘心只成为舞台上的配角。中国的隧道掘进机企业提出"造世界最好的盾构"的目标，不断突破技术上的难关，使自己走在全球隧道掘进技术的前列。

1. 盾构机主轴承攻关

盾构机主轴承一度是中国盾构机研制中最大的"卡脖子"项目，盾构机主轴承攻关的成功，在中国盾构机技术发展历程中具有标志性的意义。

盾构机刀盘系统的主轴承是传递掘进动力的核心零件。盾构机刀盘在地下旋转掘进，需要巨大的轴向力，这些力量是要由主轴承来承担的。此外，一些隧道工程项目的地质结构十分复杂，软质地层和硬质地层交错，刀盘在掘进过程中经常会遭遇突发的阻力，从而对主轴承造成剧烈的冲击。要保证盾构机刀盘稳定运行，主轴承必须具备很强的抗冲击能力。作为工作于泥水环境下的部件，盾构机主轴承对于密封和润滑的要求也是极其苛刻的。

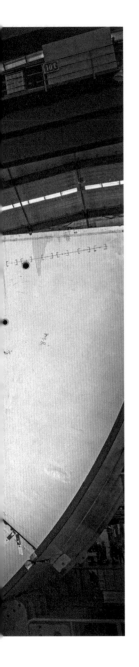

在很长一段时间内，由于无法掌握盾构机主轴承的制造技术，中国生产盾构机所使用的主轴承不得不完全依赖进口，这对于一个在重大技术装备上追求自主可控的国家来说是不可接受的。

2007年，科技部开始部署盾构机主轴承的国产化，洛阳LYC轴承有限公司等几家企业承担了这一艰巨的任务。

盾构机主轴承研制中的关键技术有三个方面，这同时也是三个难题。

第一，设计技术。需要建立覆盖各种典型地质条件的工况数据库，积累有关盾构机主轴承失效的数据，开展低速、重载、冲击条件下的主轴承动力学研究，对轴承滚子、滚道、密封结构、保持架等零件进行优化设计。

第二，制造技术。包括材料技术、热处理技术、精密加工技术等。由于盾构机主轴承使用的钢材具有超高强度，又对加工主轴承所使用的机械加工设备、刀具等提出了高标准，迫使机床行业提高自己的技术水平。

第三，质量控制和健康状态监控技术。包括无损检测技术、内嵌式传感器、故障诊断软件开发及试验设备等，这些技术中的一部分对于中国来说也是相当有难度的。

2021年4月10日，广东佛山，中铁华隧联合重型装备有限公司，工人们对盾构机进行调试

盾构机主轴承的研制，历时 9 年，甚至比盾构机主机的研发时间更长。研制单位中铁隧道集团与洛阳 LYC 轴承有限公司采取了从修理到再制造，再到国产化研制的路径，不断积累经验，攻克技术难题。2016 年，国内首套直径 6 至 7 米级盾构机主轴承由洛阳 LYC 轴承有限公司研制成功，并被应用于合肥地铁 3 号线的盾构施工。2019 年 1 月，洛阳 LYC 轴承有限公司与中铁隧道集团联合研制的国内首套直径 11 米级盾构机主轴承交付，并被应用于舟山海底隧道的盾构施工。

11 米级盾构机主轴承直径 4.8 米，重量约 20 吨，能够满足大直径盾构机连续使用 1 万小时以上。盾构机主轴承的研制成功，使国产盾构机拥有了一颗"中国芯"。

2. 刀盘刀具修复技术的创新

2017 年 12 月，湖南常德沅江岸边，一台泥水平衡盾构机顺利始发。在当时的中国，制造这样一台开挖直径 11.75 米的盾构机已经算不上什么新鲜事。然而，这台盾构机却是国内首台常压换刀超大直径泥水平衡盾构机，创造了中国盾构机工程史上的又一个"第一"。

盾构机是在软土地层中工作的，刀盘要完成对泥土的切割，需要有一定的压力，而泥土层也会给刀盘施加一个同样大的反作用力。为了维持刀盘的压力平衡，盾构机的刀盘工作舱需要进行密闭加压，工作人员对刀盘进行常规维护或者刀具更换时，往往需要带压作业。

带压换刀带来的问题主要包括两个方面：一是工作人员在带压状态下工作，存在着一定的风险；二是工作人员进出工作舱时，需要进行加压与减压的操作，往往是换刀时间只有十几分钟，而加压、减压的过程却长达数小时，极大地影响了工作效率。

2021 年 10 月 28 日，河南洛阳，由洛阳 LYC 轴承有限公司自主研发、外径达 11.47 米的超大型整体式转盘轴承顺利下线，标志着我国整体式转盘轴承的新纪录就此诞生

国产首台常压换刀超大直径
泥水平衡盾构机"沅安号"

针对这一情况，铁重建工开发了自主的大直径常压刀盘及换刀技术、高效环流系统出碴技术、高精度开挖舱压力平衡控制技术等，一举解决了换刀压力问题，从而突破了常压换刀这样一个世界级难题。

在随后的几年中，中国隧道掘进机企业还研发了包括冷冻换刀、带压动火、机器人辅助作业换刀等刀盘刀具修复技术。这些技术均有一定的创新性，是长期实践的产物。例如，所谓冷冻换刀技术，就是对盾构机刀盘进行改造，增加冷冻管路和制冷设备。在需要换刀时，工作人员可以通过启动制冷设备，将带有水分的土层冻结，使其具有一定的强度，随后便可以进入工作舱进行刀盘维护，更换刀具。

上图：2018年10月9日，"沅安号"盾构机贯通常德沅江隧道东线隧道
右图：2021年10月23日，建设工人在浙江宁波世纪大道地下综合管廊项目工地安装调试盾构机

3. 新型驱动技术的应用

刀盘驱动是盾构机的关键技术之一。传统刀盘驱动方式主要为电动机驱动和液压马达驱动。这两种刀盘驱动方式的缺点在于驱动机构过于复杂，无论是电动机还是液压马达，都是结构复杂的机械，不但传动效率低，而且维修保养困难，工作的稳定性也存在问题。

中国盾构机企业积极探索新型驱动技术，先后将永磁同步驱动技术与电液混合驱动技术应用于盾构机刀盘驱动，填补了国际上该领域的空白。

2016 年 8 月，铁建重工推出了全球首台永磁同步驱动土压平衡盾构机，该盾构机开挖直径 6.44 米，配备了大扭矩、高转速、强适应性的永磁同步驱动系统。与同等功率的三相异步电机相比，永磁同步电机体积更小，质量更轻，维护也更为便捷。由于不需要使用减速器，永磁同步驱动可减少能量损失，提高驱动效率 5%。

电液混合驱动技术融合了电动机驱动与液压驱动的优点，在小扭矩工况下使用电动机单独驱动，在大扭矩工况下则由电动机与液压马达协同驱动。为实现这种操作，需要在液压马达与减速器之间增加黏性离合器，把刚性连接变为柔性连接，这其中也涉及非常前沿的技术应用。

除上述所列举的技术之外，包括大粒径卵石高效破碎、碴料垂直运输技术在内的快速出碴技术，高压密封技术，泥水辐条刀盘技术等，也是中国隧道掘进机技术的新进展。

全球首台永磁同步驱动土压平衡盾构机

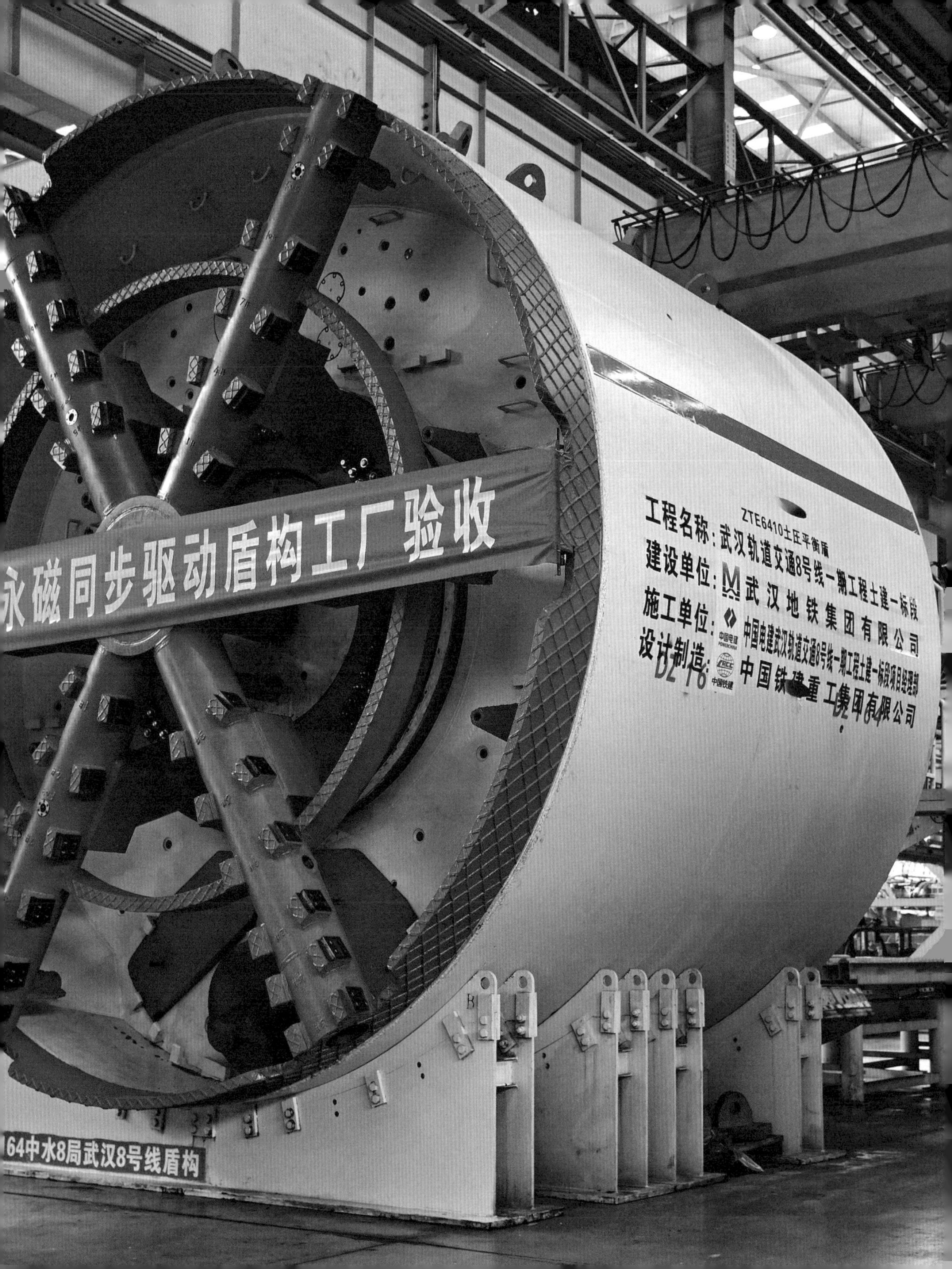

永磁同步驱动盾构工厂验收

ZTE6410土压平衡盾

工程名称：武汉轨道交通8号线一期工程土建一标线

建设单位：Ｍ 武汉地铁集团有限公司

施工单位：中国电建武汉轨道交通8号线一期工程土建一标段项目经理部

设计制造：中国铁建重工集团有限公司

64中水8局武汉8号线盾构

未来，中国隧道掘进技术还将
在设计数字化、制造模块化、控制智能化、
管理网络化等方面持续进步。
我们相信，
"造世界最好的盾构"这一目标，
必将在不久的未来成为现实。

2021年12月，"深江1号"盾构机刀盘吊装下井

第十二章

环球同此凉热

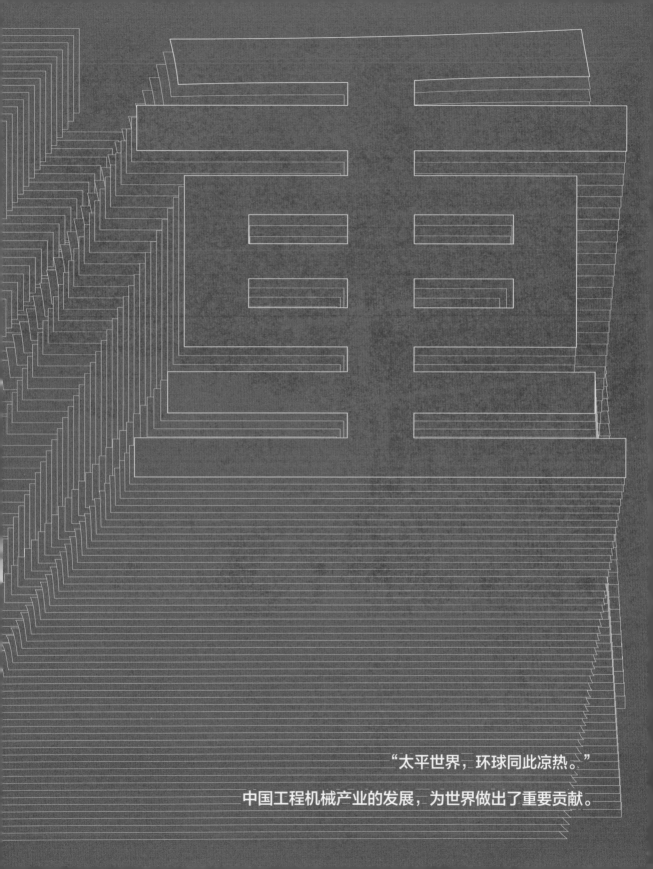

"太平世界，环球同此凉热。"

中国工程机械产业的发展，为世界做出了重要贡献。

中联重科塔机群建设卡塔尔世界杯主场馆卢赛尔体育场

一、走出国门

2021 年 7 月 20 日，随着一声高亢的汽笛，中远海运旗下的"中远圣保罗"号集装箱轮从连云港启航，运送着近千台徐工集团生产的挖掘机、装载机、平地机等工程机械，远赴南美，参与当地的重大基础设施建设。在新冠肺炎疫情肆虐全球之际，中国工程机械企业成为行业的中流砥柱，为世界经济复苏提供了强劲动力。

中国工程机械出口始于 20 世纪 80 年代。1986 年，中国工程机械出口额 265 万美元，尚不及一台进口大型机械的售价。1988 年，出口额达到了 7600 万美元。1990 年则突破了亿美元大关，达到 1.1 亿美元。

在这一时期，中国工程机械的主要出口市场是东南亚、西亚及其他一些地区的发展中国家，而主要的竞争优势则在于价格低廉。资料显示，20 世纪 90 年代，中国工程机械产品的价格比西方国家同类产品低 1/3—1/2。例如，在西亚市场上，一台日本小松公司生产的 200 千瓦级别的推土机售价约为 40 万美元，而中国的同类产品离岸价仅 12 万美元。

不过，当时的中国工程机械也存在着自己的短板：一是产品质量与国外产品相比有明显差距，如汽车起重机的整机工作寿命仅相当于国外同类产品的1/3；二是由于销售规模小，难以支撑海外售后服务体系的建设，导致售后服务不及时，这也极大地影响了国外用户对中国产品的信心。

柳工的销售人员曾经讲过一个令人尴尬的故事：20世纪90年代，柳工装载机已能出口海外。然而，由于产品故障频发，以至于有些客户干脆一次性购买两台，一台用于作业，另一台则直接拆散，用于为作业的那台机械提供零部件。

低价劣质的产品形象，是中国工程机械人的耻辱。在30多年的时间里，中国工程机械企业经过不懈的努力，在产品技术上持续创新，在质量上精益求精，逐渐扭转了不利局面，赢得了海外客户的信任与赞许。进入新世纪以来，中国工程机械出口不断增加，在海外形成了良好的口碑。

新世纪的前五年，中国工程机械进出口仍呈逆差局面。2006年，中国工程机械出口首次超过了进口，形成顺差并保持至今。

2000—2021年中国工程机械进出口统计（单位：亿美元）

年份	进口	出口
2021	37.2	340.3
2020	37.5	209.7
2019	40.4	242.8
2018	49.0	235.8
2017	40.9	201.1
2016	33.2	169.6
2015	33.7	189.8
2014	42.9	197.9
2013	47.3	195.3
2012	58.8	191.6
2011	90.5	159.1
2010	84.0	103.4
2009	51.5	77.0
2008	60.2	134.2
2007	49.4	87.0
2006	39.3	50.1
2005	30.6	29.4
2004	18.5	36.4
2003	10.5	35.6
2002	7.4	20.4
2001	15.5	6.9
2000	13.1	5.1

进口 ○　出口 ○

2011 年，中国工程机械出口 159.1 亿美元，比前一年增长 53.9%，其中整机出口 104.54 亿美元，零部件出口 54.56 亿美元。在出口的产品中，增长速度较快的包括履带式挖掘机、凿岩机和隧道掘进机、电动叉车、内燃叉车、装载机、推土机、压路机、全地面起重机、混凝土搅拌车等。

从图表中可以看出，这一年是中国工程机械进出口的一个重要转折点。此后中国的工程机械进口开始下降，出口则大幅度上升，二者形成明显的剪刀差。这意味着中国本土工程机械企业的竞争力全面提高，一方面夺回了国内市场，实现了进口替代，另一方面则能够在国际市场上与有着数十年积累的国际工程机械巨头一决高下。

2021 年，国际建筑工程市场从疫情打击中复苏，而全球工程机械行业却受供应链复产不平衡因素的影响，产能无法迅速恢复。在疫情席卷全球时，中国承担了为全球建筑工程市场提供装备的重任。

2021 年全年，中国工程机械出口 340.3 亿美元，比前一年增长 62.3%，工程机械进出口顺差达到了创纪录的 303.1 亿美元。

　　"一带一路"建设，为中国工程机械出海提供了良好的契机。2021 年，中国对"一带一路"沿线国家出口工程机械 143.63 亿美元，占工程机械出口总额的 42.2%。"一带一路"沿线，中国工程机械构成了一道亮丽的风景线。在非洲，许多建筑工地上广泛使用来自中国的工程机械，包括混凝土搅拌机、自卸车、起重机等，中国工程机械的耐用性与高性价比赢得了广大非洲业主的青睐。

　　在工程机械的各个类别中，挖掘机由严重依赖进口转向大量出口，走过了一条艰难的道路。20 世纪 90 年代至 21 世纪初，中国液压挖掘机产业几乎完全落入外资之手，国内市场销售的挖掘机 90% 以上为外资品牌。同时，由于国内产量不足，每年需要大量进口挖掘机，甚至从国外进口的二手挖掘机都能够在国内市场上大行其道。

　　2001 年，中国进口液压挖掘机 1605 台，出口 468 台。出口企业中包括合肥日立、广西玉柴、辽宁抚挖、成都神钢、徐州徐挖等，其中日立和玉柴两家占了大部分的份额。

中联重科塔机助建 2017 年哈萨克斯坦阿斯塔纳世博会主展馆

　　随着国产挖掘机的崛起，中国的挖掘机出口稳步上升。2005 年，中国履带式液压挖掘机出口 3839 台，出口企业除外资、合资企业外，还包括广西玉柴、广西柳工、江西南特、山河智能等国产品牌生产商。同期，中国挖掘机进口 18017 台，仍表现为明显的逆差。

　　2010 年之后，中国挖掘机出口持续上升，进口持续下降。2012 年，挖掘机进出口数量基本持平，随后，挖掘机进出口开始转向顺差。2018 年，中国液压挖掘机出口 2.8 万台，进口 2.1 万台，进出口顺差 0.6 万余台；2019 年，出口 10.1 万台，进口 1.6 万台，顺差 8.5 万余台；2020 年，出口 4.9 万台，进口 1.2 万台，顺差 3.6 万余台。

　　2021 年，中国出口挖掘机 11.7 万台，进口仅为 0.6 万台，顺差 11.1 万台。出口额 50.7 亿美元，仅此一项便超过了当年工程机械进口总额。

　　从完全依赖进口，到每年顺差超过 10 万台，由挖掘机这样一个门类的变化，可以看到中国工程机械产业的飞速进步。

中联重科履带式起重机 ZCC9800W 助力吊装越南风电项目

三一重工工程机械助力泰国国家火车站建设

二、盾构全球

20 年前，中国还是一个不能自主建造隧道掘进机的国家，国内基础建设所需要的盾构机和硬岩掘进机完全依赖进口。现如今，中国已成为隧道掘进机开发与制造强国，大批隧道掘进机走出国门，客户遍及亚非欧美各大洲。

2012 年，马来西亚吉隆坡捷运线（即 MRT 项目）开工，该项目由中铁国际集团马来西亚公司承包，采用盾构方法，需要在地下穿越有 120 多万居民的居住区和商业区。

建设一期工程时，中铁国际集团马来西亚公司主动向马方推荐中铁装备生产的盾构机，中铁装备得知此消息后，立即由总经理带队前往马来西亚，向业主方介绍中国盾构机的情况。经过反复争取，马方勉强同意前来中国考察中铁装备的生产车间与施工现场，结果被中铁装备所掌握的技术所折服，决定购买两台"中铁号"盾构机。

2013 年，"中铁 50 号"盾构机在马来西亚 MRT 工程现场始发，随后保持了日均掘进 8 环的生产效率，且创造出了连续 7 天日掘进超过 10 环的马来西亚地铁盾构施工纪录。

"中铁 51 号"盾构机历经两次始发、两次接收、一次过站，克服了由泥岩、碎砾石和山体残积层组成，且地下水丰富的复杂地质条件的考验，完成约 2.6 公里的掘进任务，其中在第一区间创造了最高月推进 248 环、日推进 15 环的新纪录。

"中铁号"在马来西亚 MRT 项目中的出色表现，极大提振了中国掘进设备制造企业进军海外市场的信心。从此，中国掘进机开始漂洋过海，足迹遍及亚非欧美各大洲。

2016 年，意大利 TBM 施工企业 CMC 公司向中铁装备发出订单，采购两台敞开式 TBM，用于黎巴嫩大贝鲁特引水项目。这个订单的难度在于客户要求更换刀盘刀具的方式要由以往的前装式改为背装式，转弯半径要由通常的 500 米缩短到 300 米。两台 TBM 的直径均为 3.5 米，是当时世界上直径最小的 TBM。要在这样的设备上实现客户的要求，相当于"螺蛳壳里做道场"。

中铁装备根据客户的要求，采取量体裁衣式的设计，最终按时交付了符合要求的设备。两台被命名为"丽雅"和"雅斯米纳"的 TBM 分别于 2016 年 8 月和 9 月始发，最高日进尺达到 48 米，远远超过了行业内同类设备的水平。2018 年 3 月，黎巴嫩大贝鲁特引水项目贯通，并于次年投入使用，为贝鲁特 160 万人解决了用水问题。

当时世界上直径最小的硬岩掘进机，
应用于黎巴嫩大贝鲁特引水项目

2020 年，突如其来的新冠肺炎疫情为全球经济笼上了阴霾，而中国却是风景独好，隧道装备企业捷报频传。

2020 年 3 月 18 日，由铁建重工为印度孟买沿海公路隧道项目制造的直径 12.19 米盾构机启运。该盾构机长 80 米，总重量 2300 吨，具备 350 米水平转弯能力，是迄今为止我国出口印度的最大直径盾构机。

3 月 26 日，铁建重工和中国水利电力对外有限公司联合研制的敞开式岩石掘进机启运前往南美。这台隧道掘进机长 245 米，刀盘直径 5.83 米，将用于秘鲁圣加旺水电站的隧洞挖掘。

5月5日，莫斯科地铁第三换乘环线东段大盾构项目"枫叶大道"站工区直径 11 米盾构机始发，这台盾构机由铁建重工、中铁十六局和国际集团联合研制，也是中国出口欧洲的最大直径盾构机。

目前，由中国制造的隧道掘进机已经分别销往马来西亚、新加坡、阿联酋、以色列、意大利、丹麦、法国、俄罗斯、土耳其、澳大利亚、印度、孟加拉国、印度尼西亚、阿尔及利亚等几十个国家，成为"中国制造"的又一张闪亮名片。

2019 年 11 月 22 日，用于印度孟买沿海公路隧道第四标段的直径 12.19 米泥水盾构机在长沙进行工厂验收

上图：2020 年 6 月 18 日，我国首台出口澳大利亚的超大直径硬岩掘进机（TBM）"中铁 783 号"

在中铁装备郑州基地成功下线

右图：2019 年 8 月 22 日，用于莫斯科地铁的 11 米级盾构机"胜利号"在长沙生产制造

三、海外基地

工程机械的销售，除了技术上的比拼之外，服务也是一个重要的因素。要拓展海外市场，建立海外基地是必不可少的一个步骤。各家工程机械企业的海外基地包含了研发、制造和售后服务等业务，是开拓海外市场的重要依托。

中联重科塔机助建克罗地亚佩列沙茨跨海大桥

　　2006年，三一重工投资6000万美元在印度普纳建立了产业园，主营混凝土机械、挖掘机械、起重机械和路面机械等。2008年，三一重工混凝土机械占据了印度市场的30%。2015年，在印度汽车起重机市场上，三一重工占据了半壁江山。

　　尝到甜头的三一重工随后加快了海外基地建设的步伐。2007年，三一美国基地建成；2009年，德国基地建成；2010年，巴西圣保罗基地建成。至2019年底，三一集团在海外拥有四个研发制造基地，设置了北非、东南亚、俄罗斯、拉美、南非、巴西、欧洲、西非、亚澳、印尼、中东、中亚等多个海外销售大区，拥有15家海外制造工厂、43家海外子公司，业务覆盖了150余个国家和地区。

柳工的海外之路，始于 2002 年。乘着中国加入世贸组织的春风，柳工提出建设"开放的、国际化的柳工"的目标，时任广西柳工机械股份有限公司总裁的曾光安亲自接手海外业务，在北非摩洛哥发展了柳工的第一家海外代理商，开启了柳工的全球布局之路。2004 年，柳工在澳大利亚建立首个海外子公司；2008 年，柳工北美和拉美子公司成立；2009 年，柳工建立印度工厂，在本地生产轮式装载机；2010 年至 2011 年，柳工先后在欧洲、亚太、中东、南非建立子公司；2015 年，柳工巴西工厂开业；2019 年，柳工成立英国直营公司；2020 年，柳工印尼公司开业。

目前，柳工拥有 5 个全球研发基地、13 个海外子公司、19 条整机生产线，在 140 多个国家和地区拥有 300 余家经销商。

徐工集团在巴西、印度、美国、德国等国建立了分、子公司，开展直营业务。目前，其在海外拥有 300 家经销商、40 个办事处、150 多个服务备件中心，营销网络覆盖全球 190 余个国家和地区。

2020 年 4 月 7 日，广西柳工机械股份有限公司生产基地及工业园

四、救援世界

中国工程机械不仅在国外的工程建设中大显身手，在灾难救援中同样勇于担当。三一重工产品在智利圣何塞铜矿矿难救援与日本福岛核电站事故救援中的表现，为中国工程机械在海外市场上赢得极大的声誉。

2010 年 8 月 5 日，智利圣何塞铜矿发生塌方，33 名矿工被困在 700 米的井下。经过 69 天的营救，33 名矿工全部获救，创造了矿难救援史上的奇迹。就在智利矿难首名矿工升井获救之时，救援现场唯一一位黑眼睛黄皮肤的亚洲人坐在一台大型履带吊车的驾驶舱里按响了汽笛，表达着来自遥远东方的祝贺。

这名亚洲人名叫郝恒，是中国三一集团智利分公司的服务工程师。他所驾驶的履带吊车，正是有着"神州第一吊"美誉的三一重工 SCC4000 型履带起重机，也是救援现场仅有的两台工程机械之一。

矿难发生后，智利政府确定使用"救援胶囊"把受困矿工从井下救出。所谓"救援胶囊"，其实就是封闭式救生舱的俗称。受困矿工进入"胶囊"中，由地面牵引升井，"胶囊"能够在长 700 多米的升井巷道中给受困者提供保护。

方案确定下来，如何把"胶囊"从井下提升上来，便成为一个新的问题。为了稳妥起见，智利政府决定采用双保险的方法，即先采用矿山卷扬机作业，如果中间出现意外，则再采用大型起重机替代卷扬机。

三家智利最大的吊装企业被邀请参加救援，它们各自向智利政府推荐了自己所熟悉的履带起重机品牌，其中一家名叫 Burgur 的公司向政府郑重推荐的，便是三一重工的 SCC4000 型履带起重机。

人命关天，智利政府不敢疏忽，马上派出专家对三款起重机进行考察和评估，除察看技术标准外，还检查了既往的施工记录。最终，专家认定在三款起重机中，三一重工的 SCC4000 具有更优越的性能、更可靠的质量以及更良好的施工记录，从而使其成为唯一一台进入救援现场的大型吊装设备。

最终的救援过程并没有出现意外情况，但作为现场的"备胎"，三一起重机还是给救援人员和受困矿工家属带来了更多的信心与希望。在等待的那些日子里，当地人不断地给郝恒送来巧克力和水，称赞中国起重机"非常强大"。

救援行动结束后，智利政府专门致信三一重工：

"经过多方通力合作、缜密计划，历时两个多月的智利被困矿工营救行动迎来大胜利，创造了生命奇迹。中国制造的机械设备为此次救援行动提供了保障，中方有关企业还派员专程赴智利进行协助。感谢中国三一对智利救援所做的贡献，感谢三一工程师郝恒在救援现场的日夜坚守。"

2011 年 3 月 11 日，一场突如其来的大地震袭击了日本东海岸，随之而来的海啸摧毁了福岛核电站两个反应堆的冷却系统。反应堆中的核燃料不断地释放出热量，反应堆的温度不断升高，如果不能及时向反应堆中注入冷却水，反应堆就会因为过热而破损，具有极高放射性的核燃料会直接暴露在空气中，进而引发一场全球性的核灾难。

在这种情况下，东京电力公司紧急联系日本政府，试图用消防车、军用直升机等设备向反应堆内注水，但以这些设备的注水能力而言，这种做法就是杯水车薪。情急之下，技术人员想到了工程中使用的混凝土泵车，认为利用具有强大流体输送能力的泵车，或许能够解决眼前的危机。

核电站抢险，可谓是刻不容缓，也不能出现任何闪失。承担现场救援工作的泵车，必须选择全球最优秀的产品，而三一重工的名字，毫无悬念地出现在东京电力公司领导人的面前。

2011 年 3 月 19 日，日本东京电力公司向中国驻日使馆及三一重工集团发函，请求购买一台三一重工 62 米混凝土泵车。三一重工接到来自日本的求援函，毫不犹豫地表示，将免费提供一台价值 100 万美元的 62 米泵车驰援日本。3 月 24 日，泵车抵达日本大阪港，随后在日本操作手的驾驶下赶往福岛。3 月 31 日 12 时，三一泵车开始向福岛核电站 1 号机组注水降温，危机得以缓解。

2011 年 3 月，三一重工 62 米混凝土泵车驰援福岛，为缓解福岛核危机做出重要贡献

危难之时显身手，
中国工程机械在海外灾难救援中的出色表现，
既展示了中国工程机械产业的强大实力，
更体现出了中国的大国担当。

第十三章

大国工程

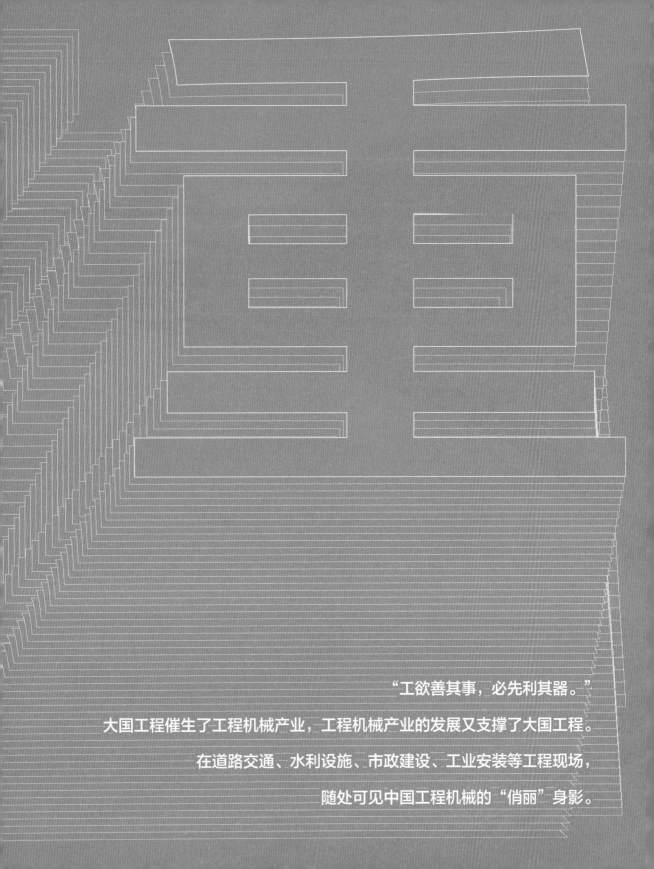

"工欲善其事，必先利其器。"

大国工程催生了工程机械产业，工程机械产业的发展又支撑了大国工程。

在道路交通、水利设施、市政建设、工业安装等工程现场，

随处可见中国工程机械的"俏丽"身影。

中联重科工程机械助建“中国天眼”

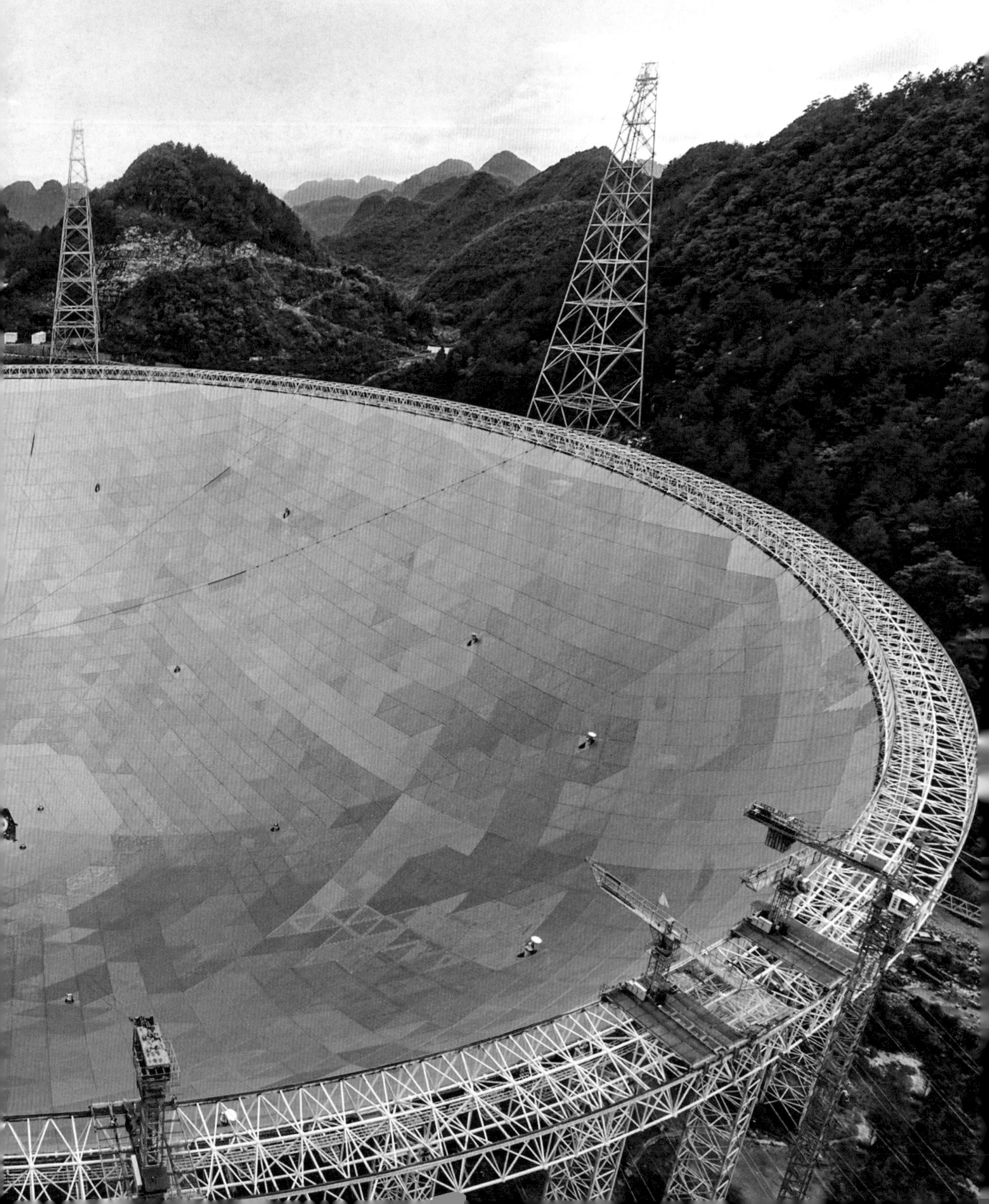

一、"基建狂魔"

虽然早在 2000 多年前，中国人就已经凭借着简陋的手工工具，修建了在当时堪称高速公路的秦直道，展现出了强大的工程建设能力。但是，"基建狂魔"这样一种戏称，却是在进入 21 世纪之后才落到中国人头上的。

穿行在群山峻岭间的高速公路

　　21 世纪的前 20 年，中国展开了规模空前的基础建设，铁路、公路、城市轨道交通、房地产、水利和市政工程等各类建设项目声势浩大，基建工程量不断刷新人类历史上的纪录。据统计，仅道路工程一项，2000 年至 2021 年，全国新建铁路正线 8.1 万公里，其中包括高速铁路 3.5 万公里，建设复线铁路 6.6 万公里，建设高速公路 15.6 万公里。我国于 2004 年开始从国外引进高铁技术，至 2021 年底，已拥有高铁运营总里程超过 4 万公里，占全球高铁运营总里程的 2/3 以上。

国道318

天路十八弯

2022 年 7 月 12 日，四川甘孜，国道 318 川藏线从新都桥到巴塘的沿路风光

在广袤的西南，群山连绵，大河纵横，一直是道路交通建设的禁区。在缺乏隧道开掘机械的年代，建设穿越山区的道路不得不依照山势盘旋折返以降低道路的坡度。20世纪50年代，在修建翻越秦岭的宝成铁路时，由于地势高差太大，不得不修建了3个马蹄形和1个"8"字形线路，这便是闻名世界的秦岭展线，也称观音山展线。至于公路中的"十八盘"等设计，更是比比皆是。

进入新世纪，随着掘进技术的进步，中国的道路建设者不再需要绞尽脑汁去设计各种折返线路，他们可以逢山开洞、遇水架桥。在专门介绍具有代表性的世界桥梁的网站上，来自中国的桥梁不断上榜，目前已经占据了 70% 的位置。从名单上看去，满眼都是红彤彤的五星红旗。

2019 年 4 月 5 日，湖南吉首，矮寨大桥

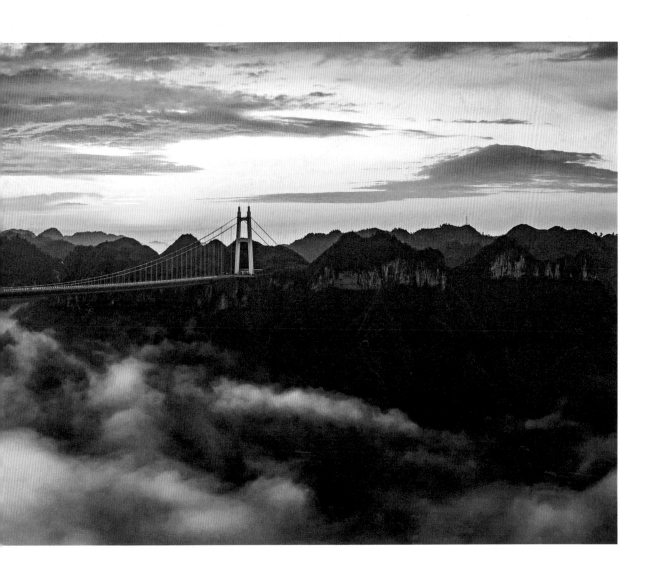

隧道建设的情况也是如此。据统计，截至 2021 年底，中国铁路运营里程超过 15 万公里，其中投入运营的铁路隧道共 17532 座，总长度为 21055 公里。仅 2021 年年，全国新增开通运营的铁路隧道就有 734 座，总长 1425 公里。此外，还有在建与规划的铁路隧道 8000 余座，总长 21680 公里。

市政建设方面，2000 年，全国城市建成区面积为 22439 平方公里，至 2020 年，增长到 60721 平方公里。市政道路实有里程数，2000 年为 16.0 万公里，2020 年达到 49.3 万公里。根据中国城市轨道交通协会统计，截至 2021 年底，中国大陆地区已有 50 个城市开通城市轨道交通运营线路 283 条，运营线路总长 9206.8 公里，正在实施建设的线路总长 6988.3 公里。

2019 年 4 月 10 日，中铁二十三局硬岩掘进机（TBM）在重庆轨道交通 9 号线二期土建二标段顺利始发

水利建设也掀起了新高潮。2014 年 5 月，国务院常务会议确定建设 172 项节水供水重大水利工程，其中包括大批长距离跨流域调水工程，如滇中引水、引汉济渭、引江济淮、珠江三角洲水资源配置等。许多水利工程项目涉及巨型隧洞的挖掘，例如，陕西的引汉济渭工程，需要修建长约 100 公里的穿越秦岭的隧洞，吉林引松供水工程隧洞全长约 134 公里。

支撑这些建设项目的，是中国庞大的工程机械保有量以及一个拥有强大研发制造能力的工程机械产业。

据中国工程机械工业协会估算，截至 2020 年底，中国工程机械主要产品保有量为 802 万—869 万台，其中液压挖掘机保有量为 188.1 万—203.7 万台，100 马力以上推土机保有量为 5.21 万—5.64 万台，装载机保有量为 121.9 万—132.1 万台。此外还有平地机、摊铺机、压路机、轮胎式起重机、塔式起重机、叉车、混凝土搅拌运输车、混凝土泵车、混凝土泵、混凝土搅拌站等，形成了一个庞大的工程机械大家族。

云雾中的引汉济渭三河口水利枢纽工程

二、开路先锋

横断山，路难行。

在横断山脉最西侧，平均海拔约 3500 米的高黎贡山犹如一道绿色屏障，阻断了由大理通往瑞丽的大瑞铁路的通行，使滇西南的保山、德宏等地长期以来被隔绝在中国铁路网之外。

在过去，要修建翻越这种高山的铁路，被认为是"异想天开"。而随着中国隧道掘进机技术的发展，一个新的思路出现在设计人员的头脑中，那就是结合钻爆法和隧道掘进机法，凿穿高黎贡山，修建一条长达 34.5 公里的隧道，把山两边连接起来。

然而，纸上谈兵容易，现实中的困难却比山高。高黎贡山隧道的开掘，从一开始就面临着"三高"的挑战。

第一，高地热。隧道沿线是著名的地热活跃地带，全程有 4 条导热断层，现场周边的温泉多达上百处，地下最高水温达到了 102 摄氏度。

第二，高地应力。隧道最大埋深 1155 米，此处是印度洋板块与亚欧板块的碰撞缝合带，两个板块互相较力所形成的巨大应力，就蓄积在每块岩石之中。如果岩石间的受力平衡关系遭到破坏，岩石会直接发生爆炸，届时便是机毁人亡的重大事故。

第三，高地震烈度。滇西南地震频发，隧道要穿越十多个断层破碎带，施工中随时可能遭遇突发的强烈地震，风险极高。

高黎贡山隧道地质纵断面示意图

十八局施工段

正洞5891m

平导5587.89m

进口D1K192+302

中铁隧道局施工段

正洞28647m

平导28998.58m

董别断层

大山头断层

下腊勐断层

田头寨腊勐街断裂

田头寨帮别断裂

上马头帮别断裂

打香坡向斜

观音山矿洞断层

小滥坝向斜

邦迈邵家寨断层

邦迈邵家寨次级断层

怒江断层

1#竖井

镇安断层

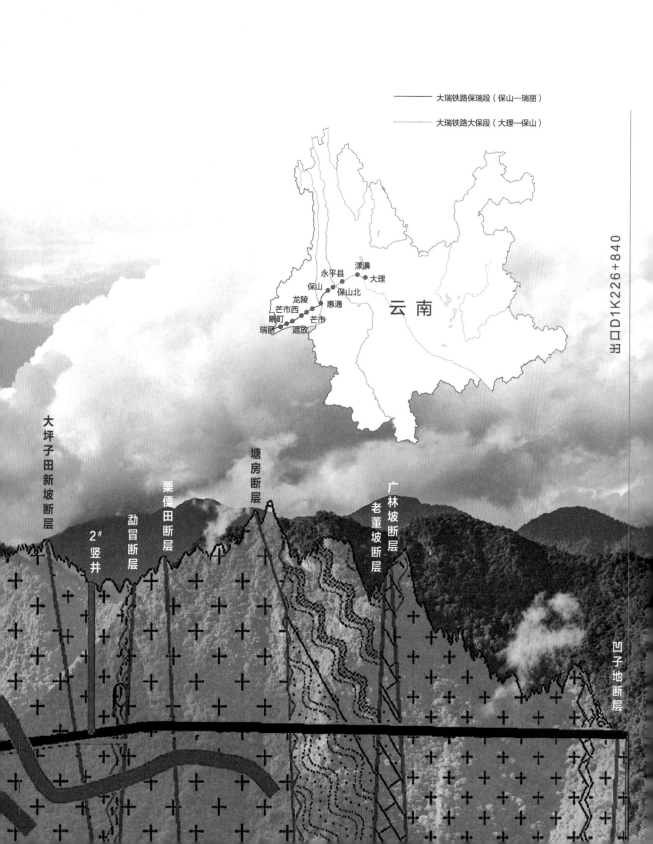

大瑞铁路保瑞段（保山—瑞丽）

大瑞铁路大保段（大理—保山）

云南

漾濞
永平县
大理
保山
保山北
龙陵
惠通
芒市西
芒市
畹町
瑞丽
遮放

出口D1K226+840

大坪子田新坡断层

2#竖井

勐冒断层

栗僳田断层

塘房断层

广林坡断层

老董坡断层

凹子地断层

迎难而上，这是中国工程机械人的倔强。承担高黎贡山隧道正洞出口工区隧道掘进机研发的中铁装备集团，在应用最新技术的基础上，又进行了包括变截面开挖抬升、加强型初期支护、前置式自动湿喷、机载式超前预报等一系列技术创新与功能提升，最终研发出了直径9.03米的"彩云号"掘进机。2018年2月1日，"彩云号"始发，至2022年1月31日，累计掘进6959米，完成出口工区施工任务的一半。

中铁装备自主研发的超大直径 TBM"彩云号"下线

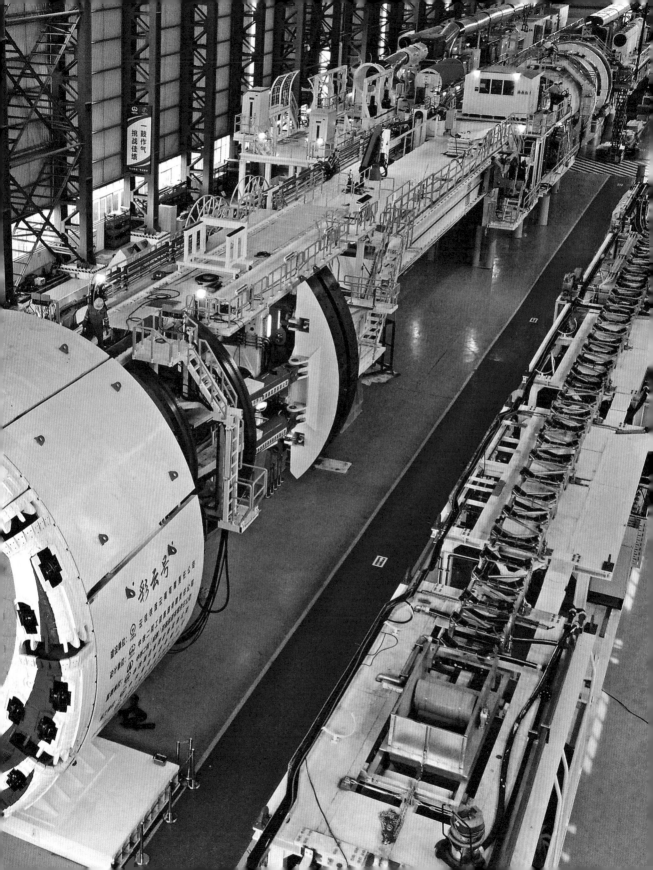

如果说高黎贡山隧道开挖考验的是中国工程机械产业的攻坚能力，那么修建穿越乌兰布和、腾格里、巴丹吉林三大沙漠的全球最长沙漠高速公路所需要的，就是这个产业支撑大兵团作战的能力。

沙漠筑路的难处，在于风沙、干旱以及酷热、严寒等极端条件，公路建设者们创造性地突破了治沙、节水等方面的技术难关。而工程机械的广泛应用，正是建设者们能够克服重重困难如期完成工程的保障。

位于内蒙古自治区阿拉善盟额济纳旗境内的临白（临河至白疙瘩）三标段是京新高速工程中施工条件最恶劣的标段之一。这一标段全长 358 公里，穿越中国四大沙漠之一的巴丹吉林沙漠，途中有 200 多公里是无人区。

临白三标段的项目工期为 30 个月，而实际能够施工的时间却只有一半，因为当地每年 10 月至次年 4 月气候严寒，不具备施工条件。要在这么短的时间内完成工程，承担工程任务的中国交建采用的是一个"笨办法"，即从全国各地调集包括挖掘机、装载机、压路机、运输车辆等在内的 5000 余台（套）工程机械，进行"饱和式施工"。

由于工程机械的投入，建设队伍仅仅花费了两个月时间，就完成土方工程，实现挖方 1100 万立方米、填方 4200 万立方米，为全路的建设赢得了宝贵的时间。

内蒙古自治区阿拉善盟额济纳旗，雨后的京新高速公路，穿行在戈壁大地上

位于"世界屋脊"的川藏铁路雅安至林芝段总投资高达 3198 亿元,被称为中国铁路建设的头号工程。这项工程的特点在于其地处高原,存在着强风、高温差、严寒和地形复杂等施工上的困难。此外,为了不破坏青藏高原脆弱的生态环境,承担铁路建设的国铁集团,对川藏铁路雅林段的施工提出了"多电少油、机械换人、保护沿途生态"的总体要求。这条铁路的建设,是对中国工程建设队伍的一场大考,也是对中国工程机械的一场大考。

中联重科组成了由总工程师牵头的专家队伍,通过对青藏铁路高原型专用施工设备的使用情况进行总结分析,提出了满足川藏铁路项目施工要求的整体设备方案。中联重科的近百台泵车、搅拌车、车载泵、拖泵、湿喷机、拌合站等混凝土设备在川藏铁路施工现场投入使用。其中,高原型混凝土喷射机械手 Z1G 采用电力和柴油双动力,并配置了高原型空压机,能够在高原缺氧条件下正常工作。

2018 年 12 月 23 日,川藏铁路拉林段施工持续进行

三一重工同样为川藏铁路提供了系列混凝土设备，其纯电动搅拌车经受住了零下 30 摄氏度及高海拔、低气压的考验，以长续航、低电耗、强动力、零污染等优点赢得了施工单位的好评。

在隧道施工中，徐工集团 XC968-EV、柳工 856E-MAX、国机常林 950E、山东临工 L956HEV、博雷顿 BRT956 等型号的纯电动装载机承担了繁忙的隧道出碴工作。博雷顿科技有限公司是一家极其年轻的工程装备企业，成立于 2016 年，上榜工信部的专精特新"小巨人"企业名单。这家企业成立之初便明确自己的定位为智能新能源工程机械的研发制造。

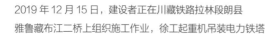

2019 年 12 月 15 日，建设者正在川藏铁路拉林段朗县雅鲁藏布江二桥上组织施工作业，徐工起重机吊装电力铁塔

三、巨龙治水

　　水利是农业之本，也是生态文明建设的基础。中国从古代开始就有兴建水利工程的传统，新中国成立后，更是掀起了兴修水利的热潮。从 20 世纪 50 年代根治海河、建设三门峡水电站，到 80 年代引滦入津，再到世纪工程三峡水库建设和南水北调工程建设，中国人民用顽强的精神，让河流改变了模样。

　　"十二五"期末，国务院作出部署，计划在"十三五"期间建设 172 项重大水利工程，实现新增年供水能力 800 亿立方米、农业节水 260 亿立方米，增加灌溉 7800 余万亩。支撑这些重大水利工程的，是中国强大的工程机械制造能力。

　　炎热的南国，东西两江流淌千年，孕育出寸土寸金的珠江三角洲。在东江流域，广州、深圳、东莞等一座座大型城市拔地而起，来自全国各地的精英云集，形成举世闻名的珠三角产业带。

　　经济的发展与人口的集聚，给东江流域的水资源利用带来了巨大的压力。目前，东江水资源开发利用率已经逼近 40% 的国际警戒线，如不能获得新的水资源补充，将导致严重的生态问题。而与此同时，在珠三角的另一侧，水量 10 倍于东江的西江水系，目前水资源利用率仅 1.3%。调西江水入东江，成为化解珠三角水资源利用困境的关键。

2018 年，国家发改委正式下文，同意实施珠江三角洲水资源配置工程，计划投资 300 多亿元，修建全长 113.2 公里的输水线路，引西江水东进。

修建 100 余公里的输水线路，对于今天的中国来说并不困难。但因为这条线路处于珠三角核心地带，就成了一个巨大的难题。珠三角经济繁荣，建筑物密布，如果输水线路从地面上通过，征地拆迁难度极大，成本也是不可估量的。

考虑到这一情况，珠江三角洲水资源配置工程从一开始便确定了采用深埋盾构的方法，将输水管线布置于地下 40 米至 60 米的空间，避免占用宝贵的地表和浅层地下空间资源。整个珠江三角洲水资源配置工程，使用了数十台大型盾构机。其中，中铁装备为这一工程生产的盾构机之一 —— "粤海 14 号"直径 8.64 米土压平衡盾构机恰好是该公司自主研制的第 1000 台盾构机，具有历史性意义。

从东北辽宁大伙房水库输水工程到西南的滇中引水工程，从中原的引江济淮工程到高原的西藏湘河水利枢纽及配套灌区工程，工程机械正在改变着山河。

2020 年 3 月 14 日，河南郑州，
南水北调穿黄工程

四、城市风景

工程机械的发展，改变了市政建设的规则。传统的脚手架和小推车被塔吊、混凝土泵车取代；各种新型基础桩工艺的应用支撑起了数百米高的摩天大楼；挖掘机、装载机、推土机往返奔忙，把荒山开辟成平地；盾构机在人们脚下静悄悄地挺进，把一条条地铁隧道延伸到城市的远郊……

塔式起重机，俗称塔吊。林立的塔吊，在新世纪的前十几年，几乎构成了中国每一个城市的天际线，以至于幽默的西方人发明了一个谐音梗：

China's national bird is crane. 中国的国鸟是鹤。

右上图：上海中心建设工地的三一重工混凝土泵车

右下图：中联重科塔机群林立雄安，助建亚洲最大高铁站

Crane 这个词，在英语中是鹤的意思，同时也是起重机的意思。从其词源分析，应当是由于起重机的外观很像是长颈直立的鹤。塔吊的形状，的确如中国的丹顶鹤一般，而丹顶鹤也的确曾经进入过中国"国鸟"的候选名单。

文艺青年们经常感慨现代都市是钢筋混凝土的森林。其实混凝土浇筑，一向都是各类工程建设中最为费时费力的环节之一。混凝土泵送技术的应用，使混凝土浇筑变得异常简单，原来需要数以百计的工人推着小型翻斗车一路飞奔的工作，现在用几台拖泵或者泵车即可轻松代替。

五、工业工程

石油化工产业的发展，越来越走向规模化、巨型化。大型石油化工装备的制造，极大地考验着一个国家的工业制造水平。而在这些大型设备制造完成之后，对这些庞然大物进行吊装，考验的就是一个国家的工程机械装备实力。

丙烯塔是大型石油炼化项目中的一个重要设备，其特点在于超长超大超重。一个大型丙烯塔直径可达 8 米，竖立起来高度超过 100 米，相当于 30 层楼高。吊装这样一件设备，吊装重量可达到 1400 吨以上，相当于 4 架满载的波音 747 飞机。

徐工、三一重工、中联重科等国内顶尖的工程机械企业，纷纷拿出自己的重型履带式起重机，在这个舞台上竞技。

2019 年 1 月，广东湛江中科炼化一体化项目工地，徐工集团 XGC88000 履带式起重机轻舒猿臂，提起了重达 1435 吨的 2 号丙烯塔。

2020 年 12 月 22 日，江苏连云港盛虹炼化一体化项目建设现场，
徐工制造的大型履带式起重机正在吊装常压塔

2020 年 7 月，三一重工 SCC40000A 履带式起重机在山东寿光鲁清石化项目现场完成首秀，顺利完成该项目 4 号丙烯塔的吊装，起吊重量 1500 吨。

2021 年 5 月，江苏连云港盛虹炼化一体化项目，中联重科 ZCC3200NP 履带式起重机发威，吊起重量 1850 吨的 1 号丙烯塔。

风电吊装，是工程机械企业竞技的另一个舞台。2022 年 2 月，中联重科推出全球最大的风电动臂塔机 LW2460-200，该塔机最大起重力矩 2460 吨·米，能够在 198 米的高度吊重 160 吨，满足了 6.5 兆瓦及以下陆上风机吊装的需求。

在此前的 2021 年 5 月，中联重科曾推出当时全球最大的风电动臂塔机 LW2340-180，并成功应用于哈尔滨依兰风电场、河南新野风电场等项目。在新野风电场项目中，它克服了现场地耐力差、作业空间窄、风力大等挑战，完成了月吊装 4 台风机的任务。

中联重科履带式起重机 ZCC9800W 助力吊装广西风电项目

核电站是国之重器，核电站建设过程的自主可控对于一个核电大国来说至关重要。核电站部件具有外形尺寸大、重量大、起吊半径大、就位高度高等特点，对设备吊装提出了极高的要求。

以我国建造的田湾核电二期工程3号机组穹顶为例，其直径达到44米，高22米，含吊具总质量476.4吨，起吊半径105.4米，就位高度56.15米。仅看这些指标中的某一项，或许并不特别惊人，但要同时满足这些要求，以此前我国的技术是难以做到的。很长一段时间，我国的核电吊装只能依赖进口起重机，这意味着我国核电建设的一个环节掌握在别人手上。

2009年，中联重科开始立项研发ZCC3200NP履带式起重机，瞄准国内三代核电建设的设备吊装需要。2011年5月，产品下线，并一次性起臂成功。2014年12月，经过1个多小时的紧张作业，田湾核电二期工程3号机组穹顶吊装圆满成功，这是当时世界上最重的核电穹顶吊装项目，也是国产3000吨级履带式起重机在核电领域的首次成功应用。

右上图：三一重工SCC10000履带式起重机成功吊装福建福清核电站穹顶

右下图：2021年中联重科ZCC3200NP履带式起重机吊装"华龙一号"机组穹顶

第十四章

向未来

经过 70 年的发展，中国工程机械产业已经摆脱了对国外技术的跟随，成为全球工程机械发展的引领者。

电动化、智能化、新设计理念、恶劣施工环境、先进制造，这些是摆在中国工程机械行业面前的新课题。

智能生产车间

一、电动化

最早的工程机械，采用蒸汽机作为动力来源。20 世纪初，柴油机得到广泛应用。在随后的 100 年时间里，柴油机都是工程机械中最常用的动力来源。

人们并不是没有考虑过在工程机械中直接使用电力作为动力。事实上，大型矿用挖掘机便有直接使用电力驱动的，由电动机带动机械装置完成设备的行走、回转和挖掘作业。然而，这样做的代价，便是这些大型矿用挖掘机只能在特定的范围内活动。它的电力来自外接电源，身后拖着长长的电缆，这显然极大地限制了设备的机动性。

上图：2021 年中联重科发布全球首台纯电动泵车
右图：山河智能 SWE240FED 纯电动挖掘机

工程机械不便直接使用电力作为动力的原因，在于传统动力电池的容量太低，无法提供充足的动能。工程机械在工作中需要释放巨大的力量，传统动力电池所能够提供的能量，对于工程机械来说完全是杯水车薪。

进入 21 世纪以来，新能源技术迅猛发展，动力电池容量不断提升，从而具备了支撑大负荷工作的能力，各种纯电动工程机械开始如雨后春笋般涌现。

柴油动力设备与纯电设备的主要区别，在于柴油机的低速扭矩不足，无法直接驱动工程机械设备中的各部分机构，只能通过液压泵、液压马达、液压油缸将动力进行转化，再作用于行走、回转和工作机构。而电动机则具有较高的低速扭矩，可以不借助液压系统进行动力转化，从而简化了工程机械的结构。

从柴油动力挖掘机和纯电动挖掘机的技术路线对比中可以看出，纯电动力路线的结构更为简单。

相比柴油动力机械，纯电动工程机械具有多方面的优势。

首先，纯电动工程机械能够实现尾气零排放，对于城市作业、脆弱生态地区作业及密闭空间作业都有极大的便利。例如，在隧道施工中，使用电动装载机和电动重卡完成碴石铲运，能够减少隧道内的废气排放，净化作业空间。目前，国内的许多隧道工程建设已经广泛采用纯电动工程机械。

常规挖掘机与纯电动挖掘机的技术路线对比

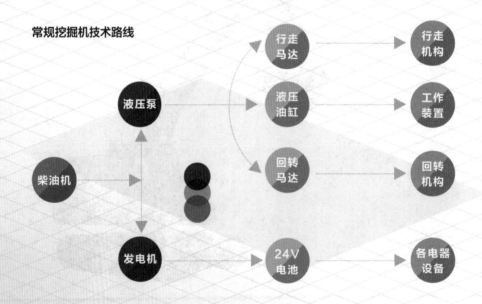

其次，柴油机的能耗效率一般只有 30% 左右，而电动机的能耗效率多数情况下能达到 80% 以上，最高可以超过 93%。能耗效率的提升，能够减少工程机械的能耗支出，节约工作成本。

再次，电动机的结构比柴油机更为简单，同时，采用纯电动力，可以减少液压系统的应用，从而提高了设备的可维护性。

此外，电动机的运行更为平稳，尤其是在低速条件下，能够输出较大的扭矩，操纵性能明显优于柴油机。

所有这些优势，使纯电动工程机械日益受到用户的青睐。目前，中国各家工程机械企业都已经着手进行纯电动机械的布局，纯电动挖掘机、装载机、起重机、重卡、混凝土机械等均已投入应用。

纯电动挖掘机技术路线

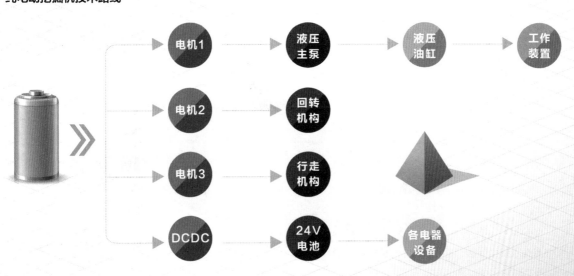

二、智能化

智能化，是顺应信息时代特点对工程机械提出的新要求。近年来，随着信息技术的发展，辅助操作、无人驾驶、状态管理、机群管理、安全防护、特种作业、远程控制、故障诊断、生命周期管理等概念，在工程机械设计中得到广泛推广。具体来说，一台工程机械要达到智能化设备的要求，应当具备四个方面的特点：

1. 自主作业。指工程机械能够根据现场实际情况，把工作任务进行分解，并自主设计最优的执行方案，包括行走路线的规划、障碍规避乃至工作装置的最优化控制等，从而在无人操控的条件下最高效地完成工作。

2018 年，中国首台无人驾驶汽车起重机 ZTC1300V 诞生，亮相 2018 上海宝马展

2020 年 11 月，在 2020 上海宝马展上，一台淡绿色涂装的汽车起重机吸引了众人的目光，这台起重机便是中联重科以全球首台纯电动汽车起重机 ZTC250N-EV 为平台打造的绿色智能吊装机器人——吊装机器人 2.0，而这已经是中联重科吊装机器人的第二代产品。

2018 年，中联重科推出吊装机器人 1.0，能够基于 RTK 测量及无人机拍摄的三维场景进行智能化的吊装规划，同时还有车辆自动就位、自动吊装、自学习往复吊装、设备信息在线查询等功能。

吊装机器人 2.0，采用了纯电动汽车起重机作为本体，引入了绿色环保的概念。同时，吊装作业由自动化进化为智能化，引入了感知、决策功能，反映了工程机械智能化的发展方向。

2．智能感知。如果仅仅能够按指定程序完成工作，并不能称为智能化设备。智能化工程机械需要具备智能感知能力，即能够感知周边环境及自身状态。工程机械的感知方式有许多种，包括使用各类传感器和光、电、磁等测量工具。

3．远程遥控。工程机械有时候会在自然条件恶劣或者有一定危险性的环境下工作，采用遥控手段，操作人员无须到达工作现场就能够指挥工程机械完成指定工作。工程机械的遥控操作经历了三个阶段，分别为视距内遥控、超视距遥控和远程遥控。借助 5G 技术，当前人们已经能够实现上千公里距离的远程遥控。

2019 年，在世界移动通信大会上，三一重工和华为联手推出了全球第一台 5G 遥控挖掘机。通过 5G 网络，操作人员可以对远在千里之外的一台挖掘机进行控制，使其能够自如地完成挖掘、回转、装车等操作，现场不需要任何工作人员。

4．智能诊断。由于工作环境恶劣，工程机械很容易发生各种故障。对故障的预警及智能诊断，是提高工程机械使用效率的重要一环。

山河智能自主研制的 5G 智能钻机

多年前，三一重工为了能够实时掌握一部分分期付款客户的设备使用情况，在所出售的每台挖掘机上安装了一个小型传感器，能够将设备的运行工况和路径传回公司。技术人员们迅速发现了这一装置的更大价值，那就是对设备进行远程诊断。三一重工建立起了一个专门的设备控制中心——ECC中心，能够通过读取设备中各个传感器的信息，对设备进行远程诊断，指导客户提前发现设备的故障隐患，并可帮助客户在远程指导下自行处理一部分故障，从而节省了设备的维修时间。

工程机械设备远程感知还催生了对设备的大数据管理。在三一重工的18号工厂，有一幅汇聚三一重工所生产的几十万台设备实时运行情况的动态地图。通过分析这些数据，三一重工形成了能够反映国家宏观经济冷暖的三一"挖掘机指数"。中联重科、徐工集团也有同样的动态地图，监控者可以随时点击查看企业销售的任何一台工程机械的工作情况和主要设备参数，这些数据是各家工程机械企业宝贵的数字资源。

三一集团C端客户设备大数据管理平台

当前，工程机械领域中智能化的概念已经由单机智能化发展到了机群智能化。大型工程项目的建设，需要多达成百上千台的工程机械共同作业，仅仅做到单台设备的智能化，远远无法满足流水作业的要求。在施工现场，不同的工程机械如果不能完美地配合，非但无法提高施工效率，还会因为互相碰撞导致事故，造成严重的损失。

所谓机群智能化，就是利用信息技术，全面掌握施工现场所有工程机械的实时运行状态，由中央控制系统发出指令，实现最优化控制。为了做到这一点，除了工程机械设备本身要具备智能控制能力之外，还需要有行业工业互联网网络基础设施作为保障。

中国工程机械工业协会于 2021 年 7 月发布的《工程机械行业"十四五"发展规划》中明确提出："掌握我国工程机械工业互联网发展主动权，夯实工程机械工业互联网新型基础设施建设。"规划要求，"到 2023 年，初步建成低时延、高可靠、广覆盖的行业工业互联网网络基础设施"，"基本建成全行业覆盖主要产品的车联网系统"；"到 2025 年，充分应用我国自主的系统软件、芯片和北斗等关键技术和基础设施，基本掌握关键核心技术"，"形成数字化、绿色化、网络化的智能施工体系"。

三、新设计理念

工程机械的优化，需要全新的设计理念，例如，轻量化设计便是未来工程机械技术发展的一个重要方向。

工程机械传统上给人的感觉便是厚重敦实，但这并不是工程机械必然的形象。从工程机械出现的那天起，人们就在努力地追求为工程机械"减肥瘦身"。只是受到技术条件的限制，这样的努力往往收效甚微。

新技术的出现，为工程机械轻量化提供了更多可能性，其方式包括几个方面：

1. 结构的优化设计。借助结构力学理论以及有限元分析方法，工程师们能够对工程机械的结构进行优化设计。例如，将工程机械的工作臂横截面由矩形更改为椭圆形，在不损失强度的情况下，可以使工作臂的重量下降 20% 以上。除了改变截面形状之外，采用镂空设计也能够有效地减轻设备重量。

中联重科推出的 4.0A 凌云系列泵车，其镂空臂架技术
引领行业产品轻量化革命

2. 轻质材料的应用。工程机械需要有一定的抗冲击能力，其工作装置需要承受极大的工作载荷。在材料屈服强度和拉伸强度较低的情况下，为实现更高的载荷，就必须使材料达到一定的厚度，因此有些工程机械的工作装置必须采用 16 毫米以上的中厚型钢板制造，以保证其在极大的载荷下不变形。

高强度钢材的应用，能够在降低钢材厚度的同时，保持工作装置的负载能力，是工程机械轻量化的重要手段。数据显示，使用强度在 900 兆帕以上的高强度钢材取代 300 兆帕的普通钢材，能够减轻钢结构件的一半重量。

经过处理的铝合金强度可以达到一般钢材的标准，而重量却能下降 2/3。镁合金的重量相当于钢材的 1/4，也是一种很有前途的轻量化材料，只是目前镁合金的强度和韧性还有欠缺，需要不断加以改进。

碳纤维材料在工程机械中的应用，给基于材料选择的轻量化提供了新的可能。2012 年，中联重科采用碳纤维作为臂架材料，生产出了臂长 101 米的全球最长臂架混凝土泵车。

全球最长臂架混凝土泵车——中联重科 101 米碳纤维臂架泵车

全球最长臂架混凝土泵车

3. 制造工艺的优化。将高强度钢材加热到一定程度，然后进行冲压成型及快速冷却，能够大幅度提高钢材的强度，从而在减轻结构重量的同时提高其强度。激光焊接方法能够把不同厚度的钢材进行拼接，从而最大限度地减少材料使用，同样达到轻量化的目的。20 世纪 90 年代发展起来的液压成型方法，能够对强度高、形状复杂的零件进行"柔性成型"，也是一种具有前景的轻量化工艺。

工程机械的轻量化，一方面可以减少产品制造中的材料消耗，达到节能减排的目的；另一方面，工程机械减重后，能耗也会有效降低，能够实现工作过程中的减排。

山河智能 SWE18UF 微型挖掘机

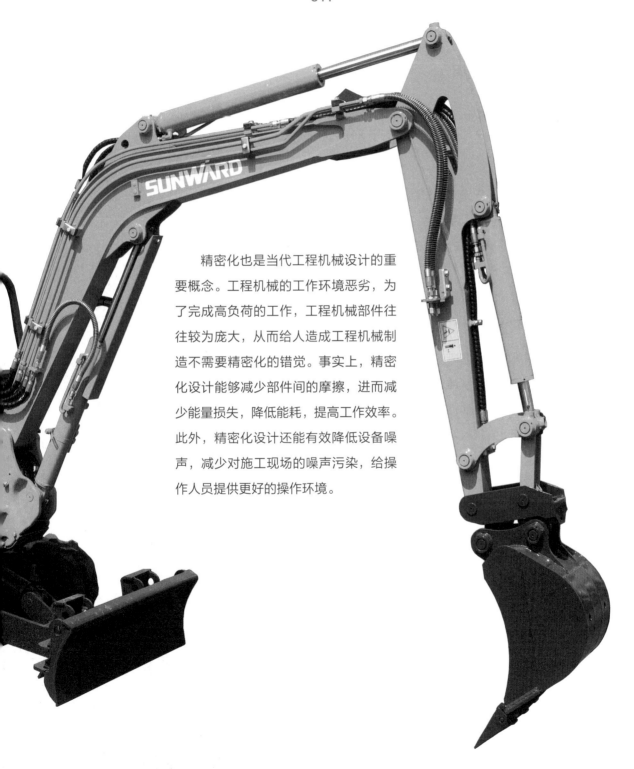

　　精密化也是当代工程机械设计的重要概念。工程机械的工作环境恶劣，为了完成高负荷的工作，工程机械部件往往较为庞大，从而给人造成工程机械制造不需要精密化的错觉。事实上，精密化设计能够减少部件间的摩擦，进而减少能量损失，降低能耗，提高工作效率。此外，精密化设计还能有效降低设备噪声，减少对施工现场的噪声污染，给操作人员提供更好的操作环境。

四、恶劣施工环境

我国幅员辽阔，各种各样的地形地貌，为工程机械提供了充分施展身手的舞台，同时也对工程机械的研制提出了严峻的考验。

随着东部基础建设的日益完善，我国基础建设的重心开始逐渐转向西部。高原、沙漠、冻土环境下的施工，与东部低海拔平原地区的施工有着完全不同的特征，恶劣的工况要求工程机械具有耐严寒酷热、适应低气压以及风沙环境的能力，而这些要求中的每一项，都对零部件品质提出了十分苛刻的要求。

在高原的低气压环境下，工程机械动力系统会出现气缸充气不足、冷却水沸点降低、空气滤清器效率下降等一系列问题。由于发动机性能下降，原设计中液压系统与发动机的匹配关系被破坏，会导致液压装置工作迟缓，无法达到额定载荷。

2020 年 9 月，中联重科起重机在新疆昌吉吊装风电设备

在低温环境中，工程机械的蓄电池容量会迅速降低。在零下 30 摄氏度的条件下，一般蓄电池的容量只能达到 30 摄氏度条件下的 40%，同时充电能力也大为下降。金属材料的冲击韧性与温度相关，在严寒环境中，金属材料容易发生脆性断裂，导致发生工程事故。橡胶等密封件同样对气温十分敏感，在低温条件下，橡胶制品的耐久性、抗破损性都会严重降低。

沙漠环境中，由于地表松软，这就要求工程机械的行走装置有足够的附着力。风沙环境会导致发动机空气滤清器堵塞，发动机缸体易发生磨损，从而影响发动机的寿命。沙漠气候的特点是冬夏温差和昼夜温差都非常大。在夏日的白昼，地表温度可以高达 60 摄氏度；而在冬季的夜晚，温度则可能下降到零下 40 摄氏度。这样的气候特点，要求工程机械必须同时适应高温和严寒两种工况。

我国在恶劣环境工程机械的研制方面已经取得了卓有成效的进展。在川藏铁路建设、塔克拉玛干沙漠公路建设等项目中，中国工程机械都有上乘的表现，相信未来我们会在雪域高原和千里戈壁上看到更多绚丽的颜色。

五、先进制造

先进制造包括绿色、智能等概念，工程机械产业的进步，也体现在制造技术的进步上。

绿色制造是伴随着全球环保意识的提高而提出的新兴工业理念，在工程机械领域也得到了推广。所谓绿色制造，主要包括机械制造过程中的节能减排、降低污染。目前，我国工程机械制造企业全面推广了水性涂料应用、焊接粉尘控制技术等，能够极大地减少工程机械制造过程中的污染排放。

工程机械主要是在户外工作，需要承受日晒雨淋以及严寒、酷热、风沙、碴石磕碰等损害，因此对表面涂装提出了苛刻的要求。传统的溶剂型涂料虽然有良好的保护性能，但其挥发性有机化合物（VOC）含量高，会对环境造成严重污染，而且在运输、储存等过程中存在着爆燃风险。水性涂料是指用水取代有机溶剂的涂料，具有良好的环保特性。近年来，中国工程机械企业积极探索水性涂料的应用，成功地使用双组份水性环氧防腐底漆、双组份环氧防腐中间漆、双组份聚氨酯中间漆、双组份水性聚氨酯面漆等取代溶剂型涂料。

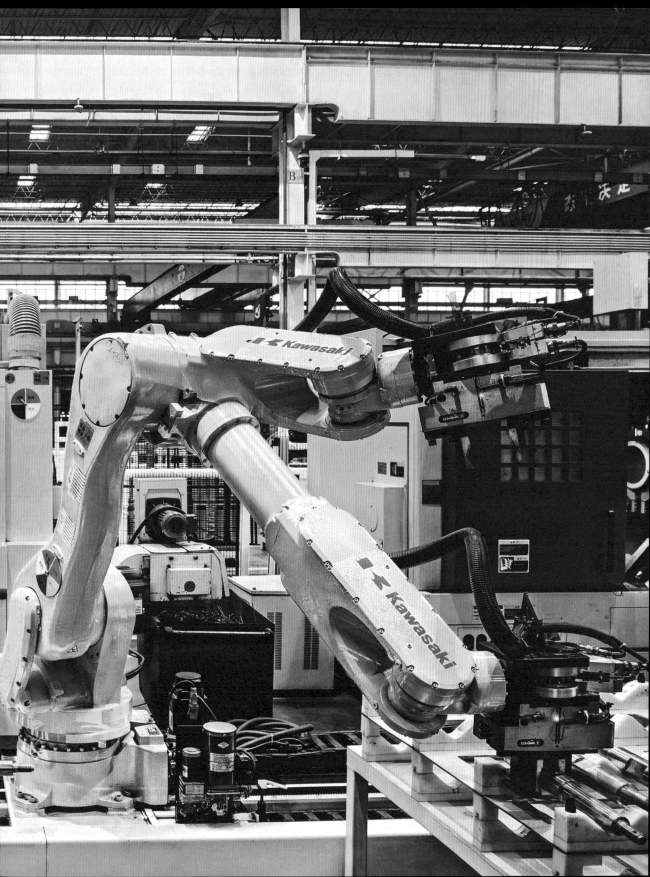

在 2020 年世界智能制造大会上，三一重工"工程机械智能灯塔工厂"入选"2020 中国智能制造十大科技进展"，这是中国工程机械行业推行智能制造理念的一个重要成果。

三一重工 18 号厂房是工信部在全国推广的首批智能制造试点示范车间。18 号厂房总面积约 10 万平方米，是三一重工多种工程机械的总装车间。车间内包括了装配区、高精机加区、结构件区、立库区等主要功能区，每个功能区都实现了数字化、智能化。在这个车间里，产品线实现了全面自动化与柔性化，能够在无人控制的情况下完成大吨位、长尺寸的复杂工程机械的定制。

建设智能工厂目前已成为工程机械行业的共识，各家工程机械企业都以新建、改造等方法促进设备制造的智能化，从而提高生产效率。

三一重工 18 号厂房的分拣机器人

　　2019 年，湖南常德高新区，一座投资 7.8 亿元的工厂正式落成。这家工厂拥有 12 条自动化生产线，100 多台工业机器人，16 套数控加工中心，是完全用智能设备装备起来的智慧型工厂。这家工厂，就是全球最大的塔机智能工厂——中联重科塔机智能工厂。凭借智能控制、智能产线、智能物流、智能检测四位一体技术，中联重科塔机智能工厂每 10 分钟可以生产出一节塔机标准节，每 90 分钟可以生产出一条起重臂，每 110 分钟可以下线一台塔机。

位于湖南常德的中联重科塔机智能工厂

2022年1月，柳工智能国际工业园在广西柳州北部生态新区举行奠基典礼。根据规划，该工业园将包括若干个主机园区、关键零部件园区和智慧物流园区，旨在汇聚一批高科技企业，推动工程机械主机产业做大做强，培育出一批关键零部件产业。

徐工集团将自身的"十四五"战略定位为"数字化、绿色化、国际化"，提出了研发智能化、制造智能化、供应链智能化、服务智能化、管理智能化、大数据运营、信息技术研究及数字化产业8个方向。其建立了2个省级智能工厂、3个省工业互联网标杆工厂、19个省智能示范车间，因此获得"国家智能制造标杆企业"的称号。

荣耀只属于过去，
中国工程机械人的目光永远向着未来。
70 年，对于一个人来说很长，
而对于一个产业来说，
则是刚刚起步，未来还充满着无限可能。
纪录总在刷新，初心始终不改。
工程机械再出发，明天更辉煌。

2022 年 4 月 22 日，北京，塔机傲立苍穹

后记 | 回望来路

从一穷二白，连一根铁钉都要从国外进口，到号称世界工厂，制造业增加值超过美国、日本、德国三者的总和，新中国用了70年的时间。

70年，对于一个国家来说，并不算很长，但对于一个人来说，却几乎是贯穿了一生。70年前的故事，在今天绝大多数的国人眼中都是陌生的，陌生到我们完全无法想象最初出发的地方。

写作这部书的初衷，只是想展现当代中国工程机械产业的发展成就，并将其作为新中国各项事业发展成就的缩影。但在阅读文献的过程中，我渐渐为这段厚重的历史倾倒，产生了要将那些尘封的故事讲述出来的冲动，于是便有了这样一部作品。

工程机械被称为重中之重的工业门类，一个理由是其产品往往具有庞大笨重的特点。如中国最早模仿苏联产品制造的斗容量1立方米的挖掘机自重为40余吨，是一个近一层半楼房高的庞然大物。另一个理由则是工程机械是应用于恶劣环境且工作强度极大的工具，对设计、材料和制造工艺都有很高的要求。因为这两点，工程机械的制造对于一个国家的工业基础是一个严峻的挑战，当今世界上能够独立制造大中型工程机械的国家寥寥无几。

20世纪50年代，新中国的工程机械产业在借鉴苏联、东欧国家技术的基础上艰难起步，许多仿制的产品仅仅相当于国外20—30年代的水平。然而，就是在这样一个百废待举的时期，新中国的第一代建设者却已经规划出了整个工程机械产业的蓝图，在全国布局了几十家工程机械企业，产品覆盖了工程机械的全系列。

进入 20 世纪 60 年代，中国受到东西方两大阵营的联合封锁，外部的技术来源一度完全中断。中国的工程机械部门紧紧盯住国际技术发展潮流，自力更生，在 20 年的时间里自行研制、仿制了多个门类不同规格的工程机械产品，保障了国民经济重要部门的需要。

改革开放后，中国获得了全面学习国外先进技术的机会。从 20 世纪 80 年代至 90 年代，中国工程机械部门先后从国外引进 100 余项技术，几乎涵盖了工程机械的所有门类。中国的技术引进，不是简单地获得几张图纸、购买几台设备，而是广泛采取了"合作设计、合作制造"的方法，通过引进、消化、吸收，最终形成自主创新的能力。

进入新世纪，伴随着中国改革开放的进一步深入，尤其是中国加入世界贸易组织，中国工程机械产业迎来了全新的发展机遇，同时也遭遇了前所未有的挑战。新世纪之初，由于国外老牌工程机械企业大量进入中国市场，中国本土工程机械企业受到挤压，在最重要的挖掘机市场上，中国本土品牌的市场占有率一度下降到了仅 5%。

不畏艰险，迎难而上，是工程机械的特质，也是中国工程机械产业的特质。在新世纪的前十年，中国本土工程机械企业依靠技术创新、管理创新，打响了市场保卫战并取得了最终的胜利。

2010 年之后，中国工程机械产业迎来了凯歌行进的新时代，本土品牌的国内市场占有率不断上升，产品大量行销海外，许多门类无论是产能还是技术水平均已跻身世界前列。

今天，中国工程机械产业已经站上了历史的新起点，成为全球工程机械技术发展的引领者，即将谱写出新的辉煌篇章。

回望来路，虽然各个历史时期有着不同的情景，今天的工程机械人已然是第一代创业者的孙辈，然而，中国工程机械产业从创立之初即树立的信念却始终未变，那便是：

要把技术掌握在自己的手上！

独立自主，自力更生，把国家和民族发展放在自己力量的基点上，把中国发展进步的命运牢牢掌握在自己手中，这就是中国工业人的初心，是中国工业永恒的基因。

龚江辉

2023 年 6 月

图书在版编目（CIP）数据

重器：崛起背后 / 龚江辉编著. —长沙：湖南人民出版社，2023.6

ISBN 978-7-5561-3120-4

Ⅰ.①重… Ⅱ.①龚… Ⅲ.①工业史—中国 Ⅳ.①F429

中国国家版本馆CIP数据核字（2023）第064063号

　　由于时间关系，本书部分图片暂未联系到著作权人，我们将继续联系，也请相关单位或个人与我们接洽处理。

重器：崛起背后

ZHONGQI: JUEQI BEIHOU

编 著 者：龚江辉

出版统筹：陈　实

监　　制：傅钦伟

产品经理：潘　凯　古湘渝

责任编辑：潘　凯　古湘渝

责任校对：周海香

装帧设计：阿　星　陶迎紫

出版发行：湖南人民出版社［http://www.hnppp.com］

地　　址：长沙市营盘东路3号　　邮　编：410005　　电　话：0731-82683346

印　　刷：长沙超峰印刷有限公司

版　　次：2023年6月第1版　　　　　　　　印　次：2023年6月第1次印刷

开　　本：787 mm × 1092 mm　　1/16　　印　张：34

字　　数：330千字

书　　号：ISBN 978-7-5561-3120-4

定　　价：156.00元

营销电话：0731-82683348（如发现印装质量问题请与出版社调换）